Research on Security Risk and
Resilience Administration of Urban Public Goods

城市公共物品
安全风险与韧性治理研究

何继新 韩艳秋 荆小莹 著

化学工业出版社
·北京·

内 容 简 介

本书通过采取定性与定量相结合的方法，详细界定城市公共物品安全风险边界，探究城市公共物品安全风险生成路径，探索由城市公共物品韧性功能内容结构、供需视域特征、功能影响因素、功能开发障碍、建设路径等构成的城市公共物品韧性功能建设体系，建构城市公共物品安全风险韧性治理推展框架和治理策略。本书为实现城市公共物品的韧性新功能提供了行动指南，理论上丰富了城市公共物品韧性治理建设体系的新视角和分析思路，对城市公共物品安全风险治理与韧性功能建设具有重要理论和现实意义。

本书理论与实践相结合，可供政府相关管理部门、城乡社区及相关管理单位从业人员参阅，也可供高等学校公共管理及相关专业的师生学习参考。

图书在版编目（CIP）数据

城市公共物品安全风险与韧性治理研究/何继新，韩艳秋，荆小莹著. —北京：化学工业出版社，2021.10（2022.4重印）
 ISBN 978-7-122-39617-4

Ⅰ.①城… Ⅱ.①何… ②韩… ③荆… Ⅲ.①城市-公共物品-安全管理-研究-中国 Ⅳ.①F299.241

中国版本图书馆CIP数据核字（2021）第150110号

责任编辑：董　琳　　　　　　　　　　　　装帧设计：刘丽华
责任校对：宋　夏

出版发行：化学工业出版社（北京市东城区青年湖南街13号　邮政编码100011）
印　　装：北京虎彩文化传播有限公司
710mm×1000mm　1/16　印张12　字数191千字　2022年4月北京第1版第2次印刷

购书咨询：010-64518888　　　　　　　　　售后服务：010-64518899
网　　址：http://www.cip.com.cn
凡购买本书，如有缺损质量问题，本社销售中心负责调换。

定　价：85.00元　　　　　　　　　　　　　版权所有　违者必究

前言

城市公共物品是城市以实现其发展为目标，保证居民的健康和人身安全为前提，为城市化社会进步和发展所提供的诸如公安、消防、公路、桥梁、供水供电网络等公共产品和公共服务。现阶段，城市公共物品安全问题在城镇化的快速发展背景下逐渐增多，城市公共物品韧性功能有所欠缺，城市公共物品安全风险与韧性治理不仅成了城市公共安全治理的核心议题，更是提高城市公共服务供给质量的关键引擎。在风险社会中，基于应对安全风险的城市公共物品功能建设正处于转型发展的重要时期，如何有效规避城市公共物品风险的不稳定性、偶发性、动态性和复杂性，重塑城市公共物品协同供给体系，创新公共物品风险韧性治理功能开发路径及策略，促进城市公共物品脆弱性功能建设向韧性功能建设转型，传统的城市公共物品风险治理难以提供系统化、多维化、全面化的理论阐述和配套策略，传统的治理模式往往治标不治本，城市公共物品安全风险与韧性治理因此应运而生。

学界针对城市安全风险治理、公共物品安全风险、韧性治理语境下公共物品制度涉及与建构方法等已经做了较为详尽的理论探讨和实践探索，这为本书提供了核心基础和前提条件。然而，在城市公共物品安全风险和韧性治理领域仍有着潜在的拓展建设空间和功能效应的深入挖掘，对城市公共物品安全风险与韧性治理内容结构、分析框架及开发策略等系统性研究还不充分，如何从实存样态、特征差异、功能布局和情境实践等多维角度入手，借助整体性思维分析"韧性纽带"下的公共物品治理，深度剖析公共物品安全风险问题，建构城市公共物品全周期防控风险韧性治理体系，真正消解我国现阶段城市公共物品安全风险与韧性治理难点，创新性地提出一条特色化公共物品安全风险与韧性治理建设路径，显得尤为重要。

本书是一部研究和探讨城市公共物品安全风险与韧性治理的著作，采用定性与定量相结合的方法，以韧性城市规划理论、灾害治理理论、安全风险治理理论、脆弱性理论、韧性治理理论以及相关利益者理论等为支撑，立足城市公共物品风险属性、韧性功能和治理条件等，理论与实践相结合，对城市公共物品安全风险与韧性治理模式开展深层次研究，整体性地响应城市公共物品安全风险与韧性治理理论与现实基础、功能实践情境、治理内在规律、相关利益主体互动关系、现实逻辑机理、因素与模式、推展框架与治理策略等问题。

本书的研究和写作汇聚了著者的勤奋努力和汗水，是在著者指导的研究生以及作为课题组成员韩艳秋和荆小莹同学开展的硕士论文和共同合作发表论文的基础上，进一步总结和深化，共同写作完成的学术研究成果，也得到了"天津城建大学十三五综投资助"的支持。在写作过程中，著者曾与校内的诸多同事和校外的同行及政府管理者、社会实践工作者就书中的学术思想进行了探讨、交流和印证，收益颇丰。本书以前人研究为基础条件，参阅和借鉴了国内外大量相关研究的观点和思想。很多硕士生帮助查阅、收集、整理了大量文献资料。在此，谨向上述专家学者的鼎力协助、社会实践工作者的倾心支持、研究生同学们的辛勤努力以及学校资助致以最诚挚的谢意！

限于研究对象的动态复杂性和著者研究水平，书中所涉观点、内容、考量问题的角度以及一些研究结论等难免存在不足和不当之处，恳切希望各位读者对本书可能存在的不足与疏漏给予批评指正。

著者
2021 年 5 月

目录

第1章
绪论 / 1

1.1 研究背景与研究意义··1
1.1.1 研究背景··1
1.1.2 研究意义··2
1.2 国内外研究现状综述··4
1.2.1 城市公共物品安全风险理论综述·······················4
1.2.2 城市公共物品韧性治理理论综述·······················9
1.3 研究内容、研究方法与研究创新点························15
1.3.1 研究内容··15
1.3.2 研究方法··19
1.3.3 研究创新点··20
1.3.4 研究技术路线··21

第2章
城市公共物品安全风险
属性与边界分析 / 23

2.1 城市公共物品安全风险内涵界定······························23

2.1.1　城市公共物品安全风险概念提出背景…………………………23
2.1.2　城市公共物品安全风险概念内涵释义…………………………25
2.2　城市公共物品安全风险本质属性及特征……………………………27
2.2.1　城市公共物品安全风险的本质属性………………………………27
2.2.2　城市公共物品安全风险的特征……………………………………30
2.3　城市公共物品安全风险边界分析……………………………………33
2.3.1　显性风险与隐性风险………………………………………………34
2.3.2　安全风险的显性边界与隐性边界…………………………………35
2.3.3　两种边界之间的互动关系…………………………………………36
2.3.4　城市公共物品安全风险边界解构…………………………………37
2.3.5　治理主体的职能优化………………………………………………44

第3章
城市公共物品安全风险
生成与识别 / 49

3.1　城市公共物品安全风险关联主体和生成过程………………………49
3.1.1　城市公共物品安全风险关联主体及关系…………………………49
3.1.2　城市公共物品安全风险生成过程…………………………………50
3.2　城市公共物品安全风险工作风险分解法（WBS-RBS）分解分析……51
3.2.1　工作风险分解法（WBS-RBS）及适用性…………………………51
3.2.2　城市公共物品安全风险WBS分解…………………………………52
3.2.3　城市公共物品安全风险RBS分解…………………………………53
3.2.4　WBS-RBS的城市公共物品风险矩阵模型…………………………55
3.3　基于因子分析的城市公共物品安全风险生成因素分析……………57
3.3.1　问卷调查及信度效度检验…………………………………………57
3.3.2　因子分析及结论……………………………………………………60

3.4 城市公共物品安全风险识别 ································· 66
　3.4.1 城市公共物品安全风险识别理论 ······················· 67
　3.4.2 城市公共物品内部安全风险识别 ······················· 68
　3.4.3 城市公共物品外部安全风险识别 ······················· 71
3.5 基于解释结构模型（ISM）的城市公共物品安全风险分析 ······ 73
　3.5.1 城市公共物品多维安全风险解释结构模型构建 ··········· 74
　3.5.2 城市公共物品多维安全风险解释结构模型分析 ··········· 78

第4章
城市公共物品安全风险治理创新体系 / 80

4.1 基于韧性和脆弱性的城市公共物品风险治理能力基础 ·········· 80
　4.1.1 城市公共物品安全风险治理的韧性治理能力 ············· 80
　4.1.2 城市公共物品安全风险治理的脆弱性治理能力 ··········· 81
　4.1.3 城市公共物品安全风险治理的韧性和脆弱性协同共进治理能力 ··· 82
4.2 城市公共物品韧性功能建设格局 ··························· 83
　4.2.1 彰显城市公共物品安全风险韧性治理创新范式 ··········· 83
　4.2.2 明晰城市公共物品安全风险链韧性治理新功能定位 ······· 86
　4.2.3 构建城市公共物品安全风险韧性治理协同新机制 ········· 88
4.3 城市公共物品安全风险链与"脆弱性-韧性"共进治理 ·········· 89
　4.3.1 城市公共物品安全风险链实践样态及"阻塞"表现 ········ 89
　4.3.2 城市公共物品安全风险链"脆弱性-韧性"共进治理格局构建 ··· 92
4.4 城市公共物品安全风险管理的组织形式 ····················· 93
　4.4.1 城市公共物品安全风险管理利益相关主体的互动关系 ····· 96
　4.4.2 基于利益相关者视角的城市公共物品安全风险动态影响机制 ··· 99
　4.4.3 基于利益相关者视角的城市公共物品安全风险治理机制构建 ··· 101

第5章
城市公共物品安全风险韧性治理含义与基本原理 / 108

5.1 城市公共物品韧性治理含义 ·· 108
5.1.1 城市基层社区安全韧性含义和特征 ··································· 109
5.1.2 韧性城市规划理论 ·· 112
5.1.3 灾害治理理论 ··· 112
5.1.4 风险脆弱性理论 ··· 113
5.1.5 其他相关理论 ··· 113
5.2 城市公共物品韧性治理基本原理 ·· 113
5.2.1 趋优循环原理 ··· 113
5.2.2 风险调控原理 ··· 114
5.2.3 路径调适原理 ··· 116
5.2.4 技术保障原理 ··· 117
5.3 城市公共物品安全风险韧性治理功能价值与内容结构 ·················· 118
5.3.1 城市公共物品安全风险韧性治理功能 ································ 118
5.3.2 城市公共物品安全风险韧性治理内容结构 ························· 122
5.4 城市公共物品安全风险韧性治理现状与影响因素 ······················· 126
5.4.1 研究区域与数据来源 ·· 127
5.4.2 城市公共物品安全风险韧性治理供需现状 ························· 129
5.4.3 城市公共物品安全风险韧性治理影响因素 ························· 139

第6章
城市公共物品安全风险韧性治理推展框架 / 144

6.1 城市公共物品安全风险韧性治理背景与模式演变 ······················· 144

6.1.1 城市公共物品安全风险韧性治理背景 …… 144
6.1.2 风险治理视角下城市公共物品韧性治理演变 …… 145

6.2 需求侧到供给侧：城市公共物品韧性功能属性 …… 146
6.2.1 城市公共物品安全风险韧性治理需求侧属性 …… 147
6.2.2 城市公共物品安全风险韧性治理供给侧属性 …… 149

6.3 城市公共物品安全风险韧性治理推展框架及核心机制 …… 151
6.3.1 城市公共物品安全风险韧性治理推展的分析框架 …… 151
6.3.2 城市公共物品安全风险韧性治理推展的核心机制 …… 155

6.4 城市公共物品安全风险韧性治理推展路径 …… 157
6.4.1 理念嵌入：以韧性思维嵌入供给链 …… 158
6.4.2 能力形塑：以风险干预规避能力为目标提升韧性绩效 …… 158
6.4.3 手段多元：以立体格局打造软硬复合矩阵 …… 159
6.4.4 管理协同：以主体关系整合为中心重构运作模式 …… 159
6.4.5 平台融合：以信息综合服务平台推动主体无缝对接 …… 160
6.4.6 制度保障：以防灾减灾为核心完善法律制度建设 …… 160

第7章
城市公共物品安全风险韧性治理策略 / 162

7.1 建立城市公共物品风险识别体系 …… 162
7.1.1 构建公共物品风险对象识别体系 …… 162
7.1.2 提高公共物品脆弱性致因分析能力 …… 163

7.2 设计城市公共物品韧性治理规划 …… 164
7.2.1 增强城市公共物品总体规划的形态韧性 …… 164
7.2.2 强化城市公共物品总体规划的控制韧性 …… 164
7.2.3 培育城市公共物品总体规划的发展韧性 …… 165

7.3 明确城市公共物品韧性治理核心任务 …… 165

- 7.3.1 提升城市公共物品建设冗余度与模块化 ·········· 165
- 7.3.2 促成城市公共物品建设多尺度与连通性 ·········· 166
- 7.3.3 打造城市公共物品韧性功能建设示范试点 ·········· 166
- 7.4 推进城市公共物品韧性治理主体协同共进 ·········· 167
  - 7.4.1 打造城市公共物品韧性治理多主体共治格局 ·········· 167
  - 7.4.2 构建城市公共物品韧性治理智慧化平台 ·········· 167
  - 7.4.3 拓宽城市公共物品韧性治理多元融资渠道 ·········· 168
- 7.5 完善城市公共物品韧性治理体制机制 ·········· 168
  - 7.5.1 完善城市公共物品韧性治理运行机制 ·········· 168
  - 7.5.2 推进城市公共物品韧性治理考评制度 ·········· 169
  - 7.5.3 健全城市公共物品韧性治理法律法规 ·········· 170
- 7.6 增进城市公共物品安全韧性文化建设 ·········· 171
  - 7.6.1 明晰城市公共物品韧性治理本位属性及目标 ·········· 171
  - 7.6.2 转变城市公共物品韧性治理理念 ·········· 171
  - 7.6.3 开展城市公共物品安全韧性文化教育 ·········· 172
- 7.7 完善城市公共物品韧性治理制度保障 ·········· 172
  - 7.7.1 城市公共物品招投标制度 ·········· 172
  - 7.7.2 公共物品韧性治理与安全产业结合制度 ·········· 173
  - 7.7.3 城市公共物品安全风险补偿制度 ·········· 174
  - 7.7.4 城市公共物品安全风险开放性释放制度 ·········· 174
  - 7.7.5 城市公共物品安全风险终身责任追溯制度 ·········· 175

参考文献/ 176

第1章

绪 论

1.1 研究背景与研究意义

1.1.1 研究背景

作为城市不可或缺的元素,城市公共物品类型正随着城镇化的发展逐渐增多。然而,日渐多发的城市公共物品安全问题,既凸显了我国城市公共物品的供给不足、高负荷运转下的脆弱性、维护管理不善、对新技术的应用不及时等,更反映出我国公共物品治理领域制度与政策的不完善。我国已进入风险社会,风险的不稳定性、风险的偶发性、风险源的复杂与不可测等特征制约了城市公共物品风险的治理。此外,公共物品自身系统的复杂性、快速城镇化下城市居民整体安全意识的淡薄、居民安全需求的提高、政府公共物品供给治理模式等都使城市公共物品安全治理效率偏低,加之近年来出现由于公共物品安全管理不当引发的事件与纠纷,使居民对政府服务满意度、安全感降低,公共物品安全治理遇到困难。

安全城市建设的目标如何实现?如何提高城市居民对城市公共物品安全满意度?问题的核心聚焦于城市公共物品安全风险的生成机理与防控机制的构建。

城市公共物品安全的"事后应急"不能全面应对城市发展对安全的需求,需要一个可应对新形势下挑战与发展需要的公共物品安全治理框架——"城市公共物品韧性"治理框架，从风险社会理论入手，提高我国城市公共物品安全水平，提高居民对安全的获得感。并且，鉴于风险的偶发性及城市公共物品系统的复杂性，在治理框架构建时，还要基于整体性思维、多维视角对城市公共物品安全问题的深度剖析，必须有对风险社会全面的认识，必须有系统的风险分析识别框架、综合集成的防控机制和复合性的治理策略配套体系。

当前，恰值我国和谐社会、公共服务均等化、城市治理创新及总体国家安全观等一系列战略与政策推进，同时，"韧性城市"治理理念正纳入我国新常态城市规划和建设范畴，涉及社会稳定风险评估制度建设、拓展公共物品空间、增加公共物品供给等各方面，也为我国城市公共物品安全风险治理机制及城市公共物品韧性功能建设体系框架的构建提供了契机。

在此背景下，以风险社会理论、韧性理论为基础，辨析城市公共物品安全风险源，厘清安全责任主体，构建城市公共物品安全防控机制，并基于城市公共物品韧性问题的多领域下功能建设和开发渠道，分析压力作用下由"韧性纽带"贯穿的供需体系以及相配套理论情境与功能实践运作组合，将有利于丰富我国城市公共安全治理理论，减少城市发展中的安全风险及事故灾害损失，探索由城市公共物品韧性功能内容结构、供需视域特征、功能影响因素、功能开发障碍、建设路径等构成，提高城市发展过程中的防灾减灾能力与快速应对突发公共物品供需调节的能力，有利于韧性城市的构建，进而提高城市抗逆力，保障社会发展质量和国家安全的需要，维护居民生命财产安全，理论和现实意义重大。

1.1.2 研究意义

（1）理论意义

① 丰富并完善了对城市公共物品安全风险因素识别与风险治理理论。本书在传统的工作风险分解法（WBS-RBS）、因子分析等风险因素识别方法的基础上，创新性地提出利用解释结构模型识别城市公共物品风险，然后通过 WBS-RBS 矩阵构建城市公共物品安全风险生成机理的模型。同时，在公共物品安全风险治理中，基于利益相关者模型，按照风险发生"前—中—后"的阶段先后顺序，尝试解析了"风险建构—风险响应—风险消解"的风险动态影响机制，对风险治理理论做了有力的补充。

② 基于城市韧性理论、防灾减灾理论及风险治理理论，立足韧性治理视角切入。在文献的分析与梳理过程中对城市公共物品韧性功能内容结构、评估框架与系统化模式进行客观和全面的描述，为城市韧性功能建设提供韧性治理这一新的研究视域和分析逻辑研究视域。

③ 一定程度上为相关风险问题的研究提供了具有指导意义的研究框架。本书在城市公共物品安全风险的研究中，通过对问题的解构生成机理的分析及治理机制模型的构建，构建"内涵、本质探究—静态风险因素识别—风险生成机理分析—治理机制构建"的城市公共物品安全风险因素治理研究新框架。同时，借鉴城市韧性相关理论的研究成果，为城市公共物品韧性功能建设找到理论依据与途径，基于城市公共物品韧性功能评价指标体系，进一步对城市韧性、风险及可持续发展理论进行深度诠释。

④ 构建城市公共物品韧性功能供需体系，研究并探讨基于城市安全脆弱性背景下城市风险治理及灾害应对、韧性治理发展模式、公用设施功能完善等问题，探索韧性城市建设中公共物品韧性功能建设的新理论、新方法，补充并完善传统的公共物品风险及运营理论。

（2）应用意义

① 本研究从显性与隐性角度对城市公共物品风险的边界划分，可以在人员、能力、资产、技术、目标、权责等多方面为预防与应对公共物品安全风险事件的发生提供综合策略支持。

② 本研究通过 WBS-RBS 矩阵模型的构建，从公共物品供需全过程（包括规划、建设、使用、维护）结合风险传播路径，对城市公共物品安全风险机理做了多维度分析，对风险的识别与评估更加精准全面，为城市防灾减灾工作提供了参考价值，为提高城市公共物品抗风险能力及未来推进韧性城市规划提供重要借鉴。

③ 探讨城市公共物品韧性功能建设的影响因素，以及韧性功能开发多维障碍识别内容，进而提出城市公共物品韧性功能建设路径与策略体系，为确立城市韧性公共物品建设指南、标准、行动规划和引导政策体系，尤其可以为城市减灾防灾综合治理系统提供有益的政策选择参考依据价值。

城市公共物品作为城市规划与设计的有机部分，从供需双元两侧剖析公共物品韧性功能布局、结构，以及在韧性城市规划建设中的具体特点和要求，可以通过公共物品韧性功能规划形成一个突破点，为城市未来不同领域和行业的韧性城市规划设计提供重要借鉴。在社会和自然双重灾害背景下,对城市公共物品韧性功能建设问题进行研究,也是能够有效科学应对当下及未来城市公共物品脆弱性安全风险的有效途径,更是保持城市公共物品活力,提高城市公共物品抵抗灾害和灾后快速处置及恢复能力,促进安全城市和健康城市发展的核心内容要义之一。

1.2 国内外研究现状综述

1.2.1 城市公共物品安全风险理论综述

(1) 风险社会理论研究

风险社会概念是风险社会理论的核心概念。1986年,著名社会学家乌尔里希·贝克(Ulrich Beck)[1]在《风险社会》一书中首次使用"风险社会"概念来描述当今充满风险的后工业社会并提出了风险社会理论,它把针对现代化所造成的不安全因素而提出的控制要求扩展到未来社会。英国学者斯科特·拉什(Scott Lash)从风险文化角度解读风险社会的含义,认为在当代社会,风险实际上并没有增加,也没有加剧,相反仅仅是被察觉、被意识到的风险增多和加剧了。

20世纪后半期,社会风险逐渐被社会学界所关注,西方许多著名的社会学家如贝克、吉登斯、卢曼、拉什等都对风险进行了比较深入的研究,形成了有关风险的社会学理论。风险社会认为,除去人们普遍能够感受到的自然科学领域的风险,社会、文化、经济领域同样存在着现代风险,由于现代社会各个领域之间的联系越发紧密,也使得没有一个领域能够单独处理风险,自然与社会的风险已经没有明显的界限。崔伟奇认为在风险社会理论那里,风险不仅仅是指向于地震、洪灾等由自然的或者传统的"规律性"和"固定性"因素带来危害的可能性,而更多地表现为一种现代性意义上的反思,被系统地界定为现代化过程中自身引致的危险和不安全感。Kochunovetal指出过度的人类活动或不恰当的人类活动以及不合理的经济发展方式等都会导致城市地区的地理系统发展改变,达到脆弱点时,脆弱性就在某些地方出现,整个地理系统就进入脆弱性状态。荆琪、侯书和[2]指出人的行为主要是现代风险的根本来源,风险社会的治理也主要是依靠人类。

风险社会理论有助于我们清醒地认识我们当前所处的历史阶段、面临的挑战并做出合理的反应，都世炜[3]对现阶段城市公共安全问题分析，提出了将"风险社会"理论应用到城市安全治理中。杨雪冬[4]通过对贝克、吉登斯、拉仕等风险社会理论的代表人物的研究结果分析，认为风险社会中风险具有内生性、延展性、发生概率低、控制难度大的特性。

（2）城市公共物品安全风险发展现状与问题研究

对于城市公共物品安全风险，学界并没有明确的定义，国外学者多是从具体公用领域（交通安全、医疗卫生安全、教育安全等公共物品）研究其风险因素以及安全防控机制，Bateman C[5]通过对医疗伤害事件分析提出工作疏忽是引发医疗伤害危机事件风险源，且由于工作疏忽产生的医疗物品损害赔偿的增速已经达到了每年132%。Muschert, Glenn W[6]通过分类研究校园枪击事件，并结合媒体在校园枪击事件中的动态，从个人、社区和社会三个层面提出了引发校园枪击事件的综合性的原因。Elvik R[7]分析了驾驶员的心理特征，如性别、驾驶熟练程度、车辆状态、驾驶时间等因素与公共交通事故发生率的关系，Millot M探讨了交通安全与出行方式的关系，Noland R B[8]研究了交通事故生成量与就业分布和城市公共物品使用类型的影响情况，Adger[9]认为城市发展需要结合韧性视角来考虑城市环境变化，以有效达到城市风险预防与城市减灾的目标。

中华人民共和国住房和城乡建设部（简称住建部）在《"十三五"国家科技创新规划》中明确提出了建设韧性城市的任务目标，自此国内学者开始把更多的研究实现转移到城市公共物品安全风险的研究中去，杨卫红[10]通过对城市电网规划风险的分析，提出了风险源的识别方法及构建了城市电网规划风险评价模型。刘承水[11]明确了城市公共安全建立指标体系的方向，应从城市公共物品脆弱性、抵抗、防治自然灾害、人为灾害等方面着手；王宏伟[12]认为，城市公共物品安全运行的状况取决于两个因素：一是组成元素的状况；二是组成元素之间是否维持着动态的良性交换关系。文亚[13]从法律、战略和技术三个层面分析德国城市风险管理的特点，并提出了我国未来在城市风险管理中应采取的策略。张成福[14]认为风险社会的有效治理，必须从战略视角出发，考虑和设计风险治理的原则、措施和方法。戚晓雪[15]对城市排水系统的管理现状做了深入分析，并指出地下管网年久失修、忽视"集雨排水"系统建设、泄洪河道管理不善、保障设施管理混乱，长期以来市政设施重建设、轻养护，主管部门多且彼此协调困难等普遍存在的问题，并提出从整体治理的视角出发的治理策略。程林[16]认为城市规划和建设应以安全为基点，将城市脆弱性分析作为新依据，建立城市规模、密度和形态三位一体的关系，做好城市公共基础设施规划和建设，增强城市突发事件的综合应对能力。

（3）城市公共物品安全风险因素研究

诱发城市公共物品安全风险的因素错综复杂，既有来自公共物品内部因素，也与外界环境因素密切相关。W. G. Jonson 提出了"轨迹交叉"理论，该理论认为，风险事故的发生是人的不安全行为和物的不安全状态两大因素在时间和空间上相互作用的结果。Kathleen Cleeren[17]则指出事件后的应对策略调整上变化以及造成的负面知名度和受影响的事件是否被公开指责都会影响伤害事件的走势。Millot M 探讨了交通安全与出行方式的关系，Noland R B[8]研究了交通事故生成量与城市用地类型的影响情况。M. Greenwood、Newboid、Wigglesworth、Andrew W E[18]等分别从人的心理、意识、行为、生活环境等方面分析了引发城市公共物品安全的风险因素。

熊炜[19]在对城市公共安全进行分析的时候，认为主要考虑城市的脆弱性以及城市的防护能力，并从自然灾害和人因事故两方面分析了城市公共安全风险因素。郭太生[20]、李鑫[21]、杨明生[22]等通过对重要公共物品安全状态分析指出引起重要公共物品安全风险的内、外两方面因素：公共物品自身脆弱性、老化问题、前期规划不合理、应急机制不完善、自然灾害、非故意损坏、违章作业、其他突发事件等。孙爱军[23]提出，技术条件及社会因素是引发公共物品安全事故风险的两个主要根源，并针对性地提出通过技术控制和社会干预控制公共物品安全事故风险的途径和具体方式。魏涛[24]提出城市容纳能力后天发育相对不足，是城市社会风险的产生、积聚的重要原因，对城市安全尤其是公共物品的安全形成较为严重的潜在威胁，并提出一个有效提高风险治理绩效的反思性新机制整体性治理。

贾涛[25]运用事故致因理论和统计学的基本理论方法，从人的不安全行为和物的不安全状态角度出发，通过对公共安全事故灾难案例进行深入的剖析，总结出安全事故的发生主要是由管理、人、物、环境四大因素共同作用的结果。于小舟[26]、贾水库、温晓虎[27]、刘菊[28]、王志华[29]等通过对地铁、交通等安全事故分析，从人的行为角度，分析认为工作人员的个人综合素质与能力、管理人员的能力、工作环境、公共物品供给方对工作人员的待遇等都对城市公共物品安全有重要影响作用。对城市公共物品安全风险因素的识别学者们从多维视角静态全面的分析，这些为后期研究借鉴学习打下了良好的基础。

（4）城市公共物品安全风险评价研究

对于城市公共物品安全风险的研究，主要从指标选取、评价内容与评价体系构建三个方面展开的研究。首先，在指标选取方面，Elvik R 分析了驾驶员的心理特征，如性别、驾驶熟练程度、车辆状态、驾驶时间等因素，并将它们列为评价交通伤害事件风险评估的重要指标。何寿奎[30]将公共物品公共安全风险评价指标划分为工程措施类安全风险、非工程措施类安全风险指标、社会经济基础指标和安全事故损失类指标。宋锋华[31]以一些可量化的指标，如人均耗电量、人均道路面积、万人拥有公交车数量等作为测量城市公共物品安全风险的指标。周利敏[32]从基础建筑物的冗余性和关键设施能否在灾后持续发挥作用方面提出公共物品韧性评估指标。郭小东[33]从老旧社区的功能结构角度，确定风险评价指标。

在评价内容方面，L. Bllncoe[34]依据交通事故直接经济损失和间接经济损失定量评估交通事故安全风险大小。直接损失包含物质损失和必要的服务所产生的费用，间接损失则是指所涉及民众精神层面等无法弥补性损失。Brussels[35]则将事故风险来源作为事故风险评估的主要内容。孙华丽[36]将能力评估与公共物品脆弱性评估作为风险评估的主要内容。张超、翁勇南[37]等也在城市公共物品安全风险评价中把公共物品的脆弱性作为风险评价的主要内容；熊炜[19]、周刚[38]、贾涛[25]等则从公共物品参与行为人的角度，分析行为因素作为风险评估的主要内容。在评价体系构建方面，Burtonetal、Katesetal 等提出的"风险-灾害"分析框架，Jiang G 提出通过交通事故自动检测算法能够实现对交通安全事故的评价及判断，主要的算法类型主要有统计法、比较法、交通理论模型法、时间序列法以及新兴交通事故高级检测技术。Ghazwan 建立了一套具有双层次的道路安全评价指标体系，第一层次构建了交通危险性、个人危险性、车辆安全指数等 9 个指标，第二层次在第一层次的基础上细分为 14 个评价指标。

王洪德等采用 AHP 法对城市地铁运营的安全危害因素进行分析并建立分析评价模型，对危害因素进行定性和定量分析，构造了判断矩阵并给出各层元素的单排序权重和总排序权重，提出事故预防对策。周刚[38]从人的行为角度，设计了人安全行为状况的半定量评价方法，并计算确定了综合测试量表各指标的权重，推导了人安全行为的决策规则，按照决策规则，提出了人安全行为状况的定性评价方法。

（5）城市公共物品安全风险应对与治理研究

公共物品安全事件发生后的应对措施国外一般包括应急措施与恢复重建两方

面。在应急措施方面，Wu T N 指出在公共卫生危机事件发生后，卫生机构可以直接将检查结果通过媒体报道，迅速扩散向公众，降低危机后果，这是应对危机的一种有效方式。Weisbrot D 提出应对医疗伤害事件应该建立无过失医疗伤害补偿制度。Julian L Rait[39]提出完善的医疗伤害补偿制度能够有效地补偿意外医疗伤害。在恢复重建方面，Burstein A 提出发生事故伤害且具有创伤后应激障碍的患者重新回到工作岗位上时，虽然长期治疗能够帮助患者恢复正常状态，但还是会有一些影响持续存在。Irwin W. Kaba 指出在物品安全事故的特定情形下，监督对伤害事件后的恢复起着制约性作用，在处理伤害事件时，复原的速度代表处理策略的成功与否。

国内对于城市公共物品安全事故的应对研究多集中在防控预警机制构建、应急体系构建、安全保障体系的构建等。何理[40]通过对北京 1 号线、2 号线典型车站出行乘客安全意识及安全疏散行为进行调查，进而提出按照乘客性别、年龄的不同组织疏散的方法。慕威结合定量与定性分析，建立地铁运营安全管理评价体系，包括交通事故预防体系、交通事故保障体系和应急救援体系，并构建层次结构的指标体系。刘铁民[41]以上海市"11·15"火灾为例，指出城市安全风险管理的疏失，并建议应从制度化建设入手，注意克服公用设施的系统脆弱性，以加强公共安全风险保障能力，提高城市安全质量。胡小武[42]提出构建适应城市结构变革的治理方式及建立"城市规划预警机制"的风险防控策略。宿凤鸣[43]总结了发达国家在应对公共物品风险的经验，从系统的战略规划、全面的法律法规、先进的技术手段、健全的管理手段、必要的资金保障等方面提出应对措施。郭太生[20]对首都重要公共物品的研究认为通过提高重要公共物品的防护等级，成立统一的重要公共物品保护机构，重要公共物品的安全保护应与城市整体规划和保障建设同步进行，加强重要公共物品保护的宣传教育工作，加强重要公共物品保卫队伍建设等提高抗风险能力。周晓丽[44]通过对复合治理的必要性及其相关特征的分析，认为对于城市的突发性公共安全事件，必须进行复合治理，充分发挥政府、第三部门和公民自身的优势和作用。

（6）理论研究评述

目前，国内外关于城市公共物品安全风险的研究较为丰富，已取得了显著的成果，为城市公共物品安全风险的研究提供了重要的知识框架，也为本研究提供了理论支撑。学者们对安全风险的研究多集中在风险识别、风险评估、风险调控中的某一个方面进行分析，而对于城市公共物品安全风险治理的研究主要集中在应急预警、事后救援、事故追责的范畴,但通过梳理与总结不难发现目前研究仍存在以下待完善之处。

① 对城市公共物品安全风险的特征与本质刻画不够全面

对于城市公共物品安全风险的研究最终目的是对风险防控,而风险防控原则和措施的制定应建立在对风险特征全面刻画的基础上。国内外学者对于城市公共物品安全风险的研究多集中于单独的某个领域(如地铁安全风险、市政管道安全风险、城市交通事故安全风险、医疗卫生安全风险等),而在公共物品整体发展背景下,对城市公共物品的内涵、本质属性与特征的研究较为匮乏,这成为本研究的逻辑起点。

② 针对城市公共物品风险的识别不够,同时缺少对风险发生机理的分析

大部分文献在对城市公共物品安全风险因素识别过程中没有考虑公共物品安全的复杂性、偶发性、潜伏性、传播途径多变等特点,多是针对某单个领域或者某类事件进行风险识别,研究的出发点还只是对事故预警机制的构建。并且,由于对风险定义的不同,许多研究中对"风险""风险因素"和"风险驱动因素"的概念界定不清,对城市公共物品安全风险生成机理的分析也较少涉及。这些对城市公共物品安全风险了解的不深入是影响城市公共物品安全治理的症结所在。对城市公共物品安全风险源进行多维识别,区分风险驱动因素,通过定量分析解释风险生成机理是本研究的重点。

③ 对城市公共物品安全风险特征的动态分析不够

已有研究中对城市公共物品安全风险的评估多是一次性的,对公共物品安全风险随时间与城市发展状况而变化的动态特征考虑不够。在城市公共物品安全风险治理中,作为治理主体的人,会随着事故发生的频率而做出相应的行为转变,致使风险的传播路径发生改变,因此,在对风险评估指标体系构建中不能仅限于静态的评估,还要考虑能反映城市公共物品安全风险动态变化的分析方法。

1.2.2 城市公共物品韧性治理理论综述

(1) 城市公共物品韧性的源起与内涵

"韧性"的概念最早是加拿大生态学家霍林(Holling C S)[45]提出的,用以描述生态系统受到外界干扰时能够保持原有状态或者较快恢复平衡,亦可维持自身结构和功能正常运转的能力特征[46],并把韧性概念分为工程韧性、生态韧性和演进

韧性发展阶段[47]，后来韧性研究领域从自然生态学推展到人类生态学，强调系统的坚固性、弹性与适应性。20 世纪 80 年代，韧性理论的应用扩展到了灾害管理领域，学者的视角实现了从脆弱性到韧性层面的演替。20 世纪 90 年代，韧性研究开始逐渐被应用于工程、社会和经济等领域，韧性系统的特征被概括为是抵御能力、吸收能力与恢复能力[48]，在城市规划方面主要关注物理环境和城市公用设施建设对干扰的影响[49]，但韧性作为一种新的范式入驻到规划实践领域还存在困难[50]。此后，韧性在世界防灾研究和实践中的应用主要涉及美国灾害应变能力、科学工程及公共政策委员会和国家院校[51]参与编制的提高韧性的方法及实施步骤，社区韧性设计框架及运行措施[52]，社区韧性指标框架及规划策略[53]，以及针对城市各种灾害和问题的韧性研究[54, 55]。

2013 年，美国洛克菲勒基金会宣布启动"全球 100 韧性城市"项目，并建立韧性城市框架，其中城市公共物品与城市健康和幸福、经济和社会、领导和策略等作为基本维度。城市公共物品作为城市正常运转的保障条件，韧性的引入为其注入了新的活力，城市公共物品韧性[56]是指城市公共物品应对灾害的复原能力，例如公共物品与生命线的保障能力等。从城市韧性的角度，城市公共物品韧性[47]是指建成结构和设施脆弱性的减轻，也涵盖生命线工程的畅通和城市社区的应急反应能力。由此可见，城市公共物品韧性可以定义为城市应对灾害时，公共物品抵御灾害、吸收损失并及时恢复到正常状态，且能够维持城市正常运转的能力。

（2）城市公共物品韧性评价框架体系及影响因素

国内学者对于城市公共物品韧性理论框架、评价方法和应用成果的研究比较匮乏，为应对城市防灾减灾能力，联合国减灾署[57]近期文件指出韧性作为最终实现目标，脆弱性分析、评价与灾害减缓是实现最终目标的策略，国外学者构建了诸多韧性评价指标模型、方法，提出韧性评价指标。

① 地震韧性计算法的相关研究

城市公共物品韧性的定量评估方法起源于地震工程学领域，Bruneau M，Reinhorn A M[58]认为社区的地震韧性可以通过公共物品机能随时间的变化曲线进行表征，Cimellaro G，Reinhorn A，Bruneau M[59]利用该定义提出韧性的具体计算方法，即系统机能曲线与横纵坐标轴所围成的面积。

② 公共物品韧性评价框架的相关研究

Ouyang M，Due as-Osorio L，Min X[60]利用 Bruneau 等学者提出的公共物品应

对典型灾害发生的机能曲线模型,建立适合公共物品韧性的评价框架,用以测度城市公共物品技术层面韧性,系统机能的变化分为灾害防御、灾害吸收和系统恢复三个阶段,因此被称作"三阶段"韧性评价框架。Francis R,Bekera B[61]通过对韧性内涵与评价框架的研究,认为韧性评价框架包括系统要素识别、脆弱性分析、韧性目标设定、决策者认知和韧性能力五个方面内容,并基于对系统内部韧性评价框架的讨论,综合考虑外界干扰因素,依据系统机能函数提出了城市公共物品韧性的计算方法。

③ 韧性提升与投入成本的相关研究

Turnquist M,Vugrin E[62]利用随机最优模型在韧性评估过程中引入了防灾投入的成本问题,认为城市公共物品韧性评估时需要将系统恢复策略、系统损失和韧性提升投资三种元素考虑在内。

④ 相互关联的公共物品韧性相关研究

不同公共物品之间的关系网来源于 Chang S. E.,Mc Daniels T.,Reed D.A.[63]提出的电力、交通、公用设施、政府、医疗等 11 种相互关联的公共物品与 Rinaldi[64]等提出的结构,结合 Haimes[65]的研究并基于单一的物品韧性评价与计量,Reed D A,Kapur K C,Christie R D[66]提出用投入-产出模型将不同设施之间的相互联系纳入韧性计算范畴。

⑤ 公共物品韧性评价框架的构建与应用的相关研究

Najja W,Gaudiot J L[67]等利用信度函数框架提出公共物品韧性指标,用于测度高速公路网络韧性。Omer M,Nilchiani R,Mostashari A[68]利用网络拓扑结构提出定量计算的方法,用于定义并测度电信网络系统韧性。Tierney K.,Bruneau M[69]在定义灾害韧性的同时,提出韧性三角形描述公共物品质量随时间变化的情况。Todini E[70]认为城市供水系统是一个闭环系统,在供水系统韧性与成本两个目标函数之间形成一个帕累托最优(Pareto optimality)解集。隋永强[71]等在公共物品风险规避方面,建议提高公共物品灾害抵御能力,加强备用物品建设以及加强隐患排查。

城市公共物品韧性影响因素有以下几点。

① 项目自身影响因素方面的研究

从城市公共物品的风险、沟通管理、项目执行情况等方面考虑。基于 Rozann W. Satty,William Adams 设计的层次分析法(analytic network process,ANP)的超级决策(super decision)软件,曲丹、鲍苏新[72]建立以分析城市防灾公用设施功能安全为目标的 ANP 结构图，全面分析城市抗震防震、防汛、消防、人防战备和救灾系统的各子系统功能安全因素。闫萍、戴慎志[73]认为交通网络的布局采用立体配置模式，能够最大限度地节省城市空间，充分利用土地资源，实现集约化、科学化配置。何永[74]提出道路施工管理过程中需要使用先进的工程技术，实现节能节材，严格执行绿色标准，建立低碳、环保、高效的交通基础设施体系；临近城市公共物品体系的相互连通、互为补充，实现城市网络化空间布局。吴良镛[75]认为能够促进城市之间的交流与合作，弥补城市过渡地带的公共服务水平，推动区域经济一体化协同发展。

② 外界环境影响因素方面的研究

从城市公共物品所处经济环境、竞争力、客户满意度、市场结构等考虑。于博、尚英姿[76]在分析城市公共物品可持续发展的影响因素的基础上，包含城市经济、人口、环境子系统和城市定位，通过构建城市基础设施及其支撑体系的动态调控模型，为进行城市公共物品韧性功能建设提供理论参考。王东[77]，郝之颖[78]，章蓓蓓、黄有亮、程赟[79]认为市政公共物品不仅要满足城市发展需求，更要实现人与自然、城市与资源环境之间的和谐融合，重点体现在人居环境和交通基础设施建设体系上，使城市向着生态化、低碳化方向发展。

③ 行业影响因素方面的研究

从城市公共物品建设资金、专业人员等考虑。基于 DEA-TOBIT 模型，魏蔚、邝雄[80]通过测量我国 2013 年 30 个省（自治区、直辖市）城市基础设施建设投资的效率，认为城市公共物品建设投资效率与人均 GDP、城镇化率呈负相关，与高等教育人数占比呈正相关。陈邦杆[81]提出 BT 模式适合于缺乏收入补偿机制的污水管网设施的建设投资。

(3) 城市公共物品韧性功能建设的制度设计与保障路径

城市公共物品韧性功能建设的制度设计如下。

① 在制度模式层面

王雅莉、张春艳[82]研究了城市公共物品供给模式对推进我国城市化的现实意义。夏欣[83]认为政府单一投资的模式已经不能满足我国的市政公共物品建设中企业、社会和公众的需求，通过对公司管理模式的研究对推动市政公共物品管理模式改革有一定的借鉴意义。姜婷[84]概括了城市公共物品特点及民营化融资模式；施航华[85]讨论了在城市公共物品建设中引入社会资本的模式及制度。

② 在制度环境与政府监管层面

唐跃华、莫兴国[86]探讨了城市公共物品的建设与经营管理问题。刘婷婷、宋海瑜[87]从供给系统出发考察城市公共物品的制度环境。苗锐[88]按照城市公共交通行业的经济属性和政府监管理论，对城市公共交通行业的政府监管机制、体制、制度协同理论进行分析，并分别对英国伦敦、韩国首尔、哥伦比亚波哥大、中国香港等城市公共交通行业政府监管进行了评析。王俊豪[89]深入分析了城市公共物品事业政府监管体系创新的迫切需求，运用现代政府监管理论，对我国城市公用事业政府监管体系创新问题做了开拓性研究。

③ 在制度建设层面

奥斯本等[90]通过市场力量进行变革，把竞争机制注入提供服务中去，使公共物品事业与市场经济接轨。宁建新等[91]分别从管网、一体化交通、人防工程、地下空间利用、政策法规体系、防洪排涝、防灾抗灾减灾等方面对打造全国领先的城市公共物品服务体系进行分析总结。日本[92]（平成 27 年）在应对灾害风险的策略发生了深刻转变，包含了城市政策、产业政策等在内的综合的应对策略，提出了构筑"强大而有韧性的国土和经济社会"的总体目标。吴浩田、翟国方[93]以合肥市市政基础设施韧性规划实践为例，总结了我国城市韧性提升的总体策略和相关经验借鉴。

城市公共物品韧性功能建设的保障路径如下。

① 恢复力层面

张纯、张洋、吕斌[94]从城市规划视角对震后唐山恢复进行再审视，对传统的防灾减灾策略进行反思和总结，从而为当代中国城市安全建设提供借鉴和启示。余廉、王光荣、许晶[95]从自然、经济和社会 3 个维度选取 25 项影响因素，采用解释结构模型分析阐释，认为城市结构与功能布局、社会与经济现状直接决定城市灾变敏感性、应对能力与恢复能力高低。毕云龙、兰井志、赵国君[96]以上海、香港、高雄、新加坡 4 座城市为实证，通过数据调查，构建了包含公共物品及服务在内的 9 个子体系 101 个三级指标的城市生态恢复力综合评价体系。何伟[97]探讨如何通过将海绵体系融入城市来恢复城市弹性空间。张琳爽[98]将公共物品可持续性及可恢复性结合起来对城市公共物品进行研究，通过平均成绩基点（GPA）测算分析，对城市公共物品可持续性及可恢复性状态进行评价，为决策者制定有效的管理战略提供参考。

② 弹性层面

基于城市灾害对城市韧性构成严峻挑战的背景下，徐振强、王亚男等[99]通过弹性城市的建设为生态城市和智慧城市建设提供安全、可持续的城市载体平台，抵御气候变化对城市脆弱性的冲击。李超楠[100]以绿色基础设施为理论基础，将城市规划弹性设计方法体系作为研究对象，试图探寻一条适合我国城市绿色公共物品弹性规划模式的道路。黄晓军、黄馨[101]提出了弹性城市规划的逻辑思路，包括风险要素的识别、脆弱性与弹性测度、面向不确定性的规划响应以及弹性规划策略的制定。张惠[102]对弹性社区理论基础进行阐释，构建弹性社区模型，并在此基础之上提出我国城市弹性社区建设的对策建议。

③ 灾害应对性层面

赵璞、胡亚林[103]分析了目前城市防洪应急管理中包括公共物品在内的 5 个环节面临的挑战，并有针对性地提出了对策建议。唐桂娟[104]构建了灾害恢复力评价指标体系及评价模型，为城市防灾减灾提供了一个新的方法和思路。赵国钦[105]在分析借鉴国内外城市气象灾害应对经验的基础上，结合杭州实际，从推进智慧气象建设、优化气象防灾规划设计、推进"韧性"城市转型和提高公众防灾减灾参与度等方面提出了对策建议。张忠义、庄越[106]提出在制度适应、风险管理以及理念协调等方面的重构思想，并论述城市应急"软能力"的提升路径。

（4）理论研究评述

国内外学者从城市公共物品韧性的制度设计、空间策略与建构方法等不同角度，对不同国家或地区在不同发展阶段的城市公共物品韧性的理论渊源、评估指标等问题进行了探索研究，这些广泛的概念框架、模糊的评估指标体系以及少数关于公共物品的实践案例，为本书的研究提供了理论基础和文献支持。首先，城市公共物品韧性的源起与内涵，为城市公共物品韧性功能与内容框架、供需特征提供文献支持；其次，借鉴城市公共物品韧性评价框架体系及影响因素，总结并完成对城市公共物品韧性功能影响因素的定性分析；最后，城市公共物品韧性功能建设的制度设计与保障路径研究，包含了城市风险治理制度设计、防灾减灾应对策略等，是完成城市公共物品韧性功能建设路径及开发策略的理论基础保障。

国内外对城市公共物品韧性功能建设的研究起步较晚，目前还没有进行内容结构、影响因素、障碍识别、路径选择等方面更深入的探讨，回顾已有研究文献，主要存在以下几个问题。

① 理论研究空间较大

城市公共物品韧性功能建设的理论研究成熟度仍然较低，特别是基础性理论研究缺位较多，例如城市风险治理理论、防灾减灾理论、脆弱性理论等在城市公共物品韧性功能研究中没有形成一股合力，致使城市公共物品功能建设还停留在与韧性理论融合阶段。

② 内容结构框架缺失

城市公共物品韧性功能建设是一个集自然、社会、技术的综合领域，而这种综合、包容性的目的是形成独立、具有创新意义的研究领域和科学理论，但已有研究中韧性概念"嫁接"到城市公共物品功能建设并没有"生根"，并没有形成自己独有的内容结构框架。

③ 相关领域有待突破

城市公共物品韧性功能建设研究是基于城市脆弱性、公共安全风险治理分析、城市防灾减灾等基础实现的，但其之间的相互作用、相互关系以及组合模式等方面存在空缺，尤其是站在韧性视角下实现脆弱性风险治理路径这方面的研究还不够丰富。

④ 实证性研究有待加强

现有文献大多停留在韧性理念、韧性功能、韧性推展路径等方面做理论分析，但是在实证分析、调研、机理扰动分析等实证性分析方面研究比较匮乏。

因此，本研究拟通过"城市公共物品韧性功能与内容结构切入—供需视域下的特征剖析—评估框架与影响因素分析—韧性功能开发的多维障碍识别—建设路径及开发策略"的思路框架，从城市公共物品的视角创新、观点创新两方面寻找突破，解决城市较为具体的公共物品韧性功能结构与空间设计，以城市韧性规划中的城市防灾减灾及风险治理特征揭示公共物品韧性功能建设规律，丰富城市公共物品韧性功能与开发策略。

1.3 研究内容、研究方法与研究创新点

1.3.1 研究内容

第1章 绪论

通过文献分析法、比较分析法等研究方法对研究对象基本概念、研究边界范畴进行清晰的界定和阐述，对研究中相关理论的内容和适用性进行深入的分析和探讨。首先，介绍本书的研究背景、研究目的与现实意义。其次，采用描述性研究法、

比较分析法对国内外有关风险社会理论、城市公共物品安全风险发展现状与问题、城市公共物品安全风险因素、评价、应对及治理研究现状进行综述研究。最后，通过对研究目的的阐述，确定本书的研究内容和基本研究框架。

第2章 城市公共物品安全风险属性与边界分析

本章基于风险社会研究现状，结合城市公共物品安全问题的特定背景，从内涵、属性、边界等多个维度切入，对城市公共物品安全风险深度解读，从而为后续的研究打下基础。首先，运用文献分析法，通过对城市公共物品安全风险概念提出的特定背景和理论依据的梳理与认识，然后主要从城市快速扩张驱动下催生的风险、国家治理目标明确下概念化的风险、基础设施建设与国家总体安全观的结合及与社会风险相同的"两重性"四个角度界定城市共物品安全风险的内涵，并进行深度解读；其次，基于内涵的清晰界定，并运用描述性统计法，总结城市公共物品安全风险特征（系统性、多样性、动态性、隐匿性、偶发性、部分可控性）；再次，从风险的显性与隐性入手，通过理论分析法，分析城市公共物品安全风险的显性与隐性，厘清城市公共物品安全风险的显性边界（人员边界、资产边界、技术边界、主体边界）与隐性边界（目标边界、权责边界、能力边界、效率边界），并重点阐释两种边界的互动关系；最后，采用功能分析法与系统分析法，对显性边界与隐性边界解构，并分别从概念界定、互动关系、影响因素三个层面分析其内部的复杂性，并在此基础上对城市公共物品安全风险问题进行统一解构。

第3章 城市公共物品安全风险生成与识别

本章通过分析公共物品建设过程中各工作阶段相互依赖的内涵，指出城市公共物品安全风险会因工作阶段及各领域间的依赖而发生传播，在传统的 WBS-RBS 矩阵的基础上，提出了基于 WBS-RBS 的风险生成机理分析，以计算所面临的综合风险值。首先，根据城市公共物品建设全过程的特点，通过功能解构分析，从规划、建设、使用、维护四个阶段对建设过程进行结构分解，建立 WBS 工作分解树；从人员能力、资金投入、材料质量、施工技术、环境因素等对城市公共物品安全风险进行分解，建立 RBS 风险分解树。其次，通过 WBS-RBS 矩阵，全面辨识影响城市公共物品安全风险的风险因素；对风险因素进行问卷调查及信度检验，并采用因子分析法对指标的相关性进行 KMO 和 Bartlett 球形检验，测试各指标间的相关性，并提取主要的城市公共物品安全风险因素，并对风险因子做分析识别。

运用文献分析法，探讨影响城市公共物品安全风险的诸多相关因素，分析城市公共物品安全风险的主要特征，然后进一步分析各因素之间的联系，构建影响城市公共物品安全风险的解释结构模型。根据解释结构模型分级模型的结果，分析导致城市公共物品安全风险的最直接和最根本的因素。首先，从城市公共物品安全风险的影响因素、风险类型、风险内容等方面梳理总结影响城市公共物品安全风险的诸多相关因素；其次，通过归纳演绎，从内部影响因素（规划问题、自身结构脆弱性、质量状况、可承载力等）和外部影响因素（自然因素和人为因素）两方面识别城市公共物品安全风险；再次，根据对城市公共物品影响因素的分析，利用模型法，构造城市公共物品相关影响因素的解释结构模型；最后，利用解释结构模型来分析城市公共物品安全风险的影响因素之间的层次关系，找出导致城市公共物品安全风险的最直接和最根本的影响因素。

第4章 城市公共物品安全风险治理创新体系

以城市公共物品韧性功能开发为研究的前提与基础，分析并识别城市公共物品韧性功能开发的多维障碍，以此获得城市公共物品韧性功能开发障碍的纾解策略。首先，分析城市公共物品韧性功能开发现状、地区差异、开发利用水平、监管体制等，总结城市公共物品韧性功能开发的前提及基础。其次，从意愿障碍、技术障碍、信息障碍、人才障碍等方面分析城市公共物品韧性功能开发多维障碍，是进行多维障碍识别的前提条件。再次，为了进一步提高破解障碍的效率，需要识别出其中的主要障碍，以城市市政工程设施、公用事业设施、园林绿化设施三类设施为例，结合专家打分法和层次分析法，采用定量化手段识别出城市公共物品韧性功能开发的多维障碍。最后，通过分析与识别城市公共物品韧性功能开发多维障碍，为城市公共物品韧性功能开发提供完善的技术支撑体系、可行的改造方案和多渠道的运行模式。

基于利益相关者模型，包括政府、相关企业、非政府组织、事故受害者、公众、新闻媒体等，通过功能解构分析，研究利益相关者的互动关系，从不同阶段研究利益相关者对城市公共物品安全风险管理群体决策的影响机制，进而构建城市公共物品安全风险的复合治理机制。首先，从政府、相关企业、非政府组织、事故受害者、公众、新闻媒体等利益相关者主体入手，分析城市公共物品安全风险管理的组织形式；其次，从利益相关度、利益诉求度和利益集聚度三个层面具体研究利益相关主体的互动关系；再次，按照"风险发生前阶段—风险发生中阶段—风险发生后阶段"分别从利益相关度、利益诉求度和利益集聚度研究城市公共物品安全风险治理中，各利益相关者主体"风险建构—风险响应—风险消解"的动态影响机制；最后，通过对治理理论研究脉络的梳理，对城市公共物品安全风险治理流程框架及复合治理机制模型的建构，建立"框架—模式—机制"的城市公共物品复合治理模型。

第5章 城市公共物品安全风险韧性治理含义与基本原理

通过韧性理论的特征与研究方法，梳理相关文献资料，厘清城市公共物品韧性功能与内容结构，进而采用个案考察分析法说明城市公共物品韧性功能应用发挥的重要性。首先，通过文献搜集与整理，厘清城市公共物品功能及其韧性功能的研究进展和实践发展情形，界定城市公共物品韧性功能内涵、属性，为城市公共物品韧性功能建设提供理论基础。其次，探讨城市公共物品韧性功能建设实践经验的基础上，分析并了解城市公共物品韧性功能缺失及功能价值所在，以此奠定研究的基本价值基础及必要性。再次，通过对城市公共物品功能内容结构的梳理与分析，全面、具体、深入地把握内容结构的全貌，进而完成对城市公共物品韧性功能内容结构的功能解构和系统分析。最后，采用个案考察分析法，在天津、北京选择典型的2～4个个案，对城市公共物品韧性功能内容结构的合理性与发挥作用的有效性进行验证性分析，进一步补充和完善公共物品韧性功能与结构框架体系。

第6章 城市公共物品安全风险韧性治理推展框架

梳理总结城市公共物品韧性功能建设基本模式的演变历程，剖析城市公共物品韧性功能建设的逻辑框架，探讨城市公共物品韧性功能建设的推展框架，从供需侧着手提出城市公共物品韧性功能建设推展路径。首先，梳理国内外文献，从带状模式、演变模式、网格模式的发展历程总结城市公共物品韧性功能建设的基本模式演变。其次，从供给侧的不确定风险安全规避逻辑、动态能力理论逻辑等逻辑层面，结合需求侧的调适弹性能力逻辑、重构弹性能力逻辑等逻辑层面，剖析城市公共物品韧性功能建设的逻辑框架。再次，结合供需两侧参与主体、参与形式、功能结构等方面，构建城市公共物品韧性功能建设的推展框架。最后，从理论规划到城市实践，遵循城市发展规律，注重城市公共物品韧性功能推广的时序性，总结并提出城市公共物品韧性功能建设推展路径。

第7章 城市公共物品安全风险韧性治理策略

根据构建的风险因素识别模型、风险生成机理模型及复合治理模型，运用文献分析法、系统科学法从强化城市公共物品安全文化建设、完善城市公共物品安全风险治理机制、健全城市公共物品安全风险防控体系、完善城市公共物品安全风险制度保障等维度耦合城市公共物品韧性风险评估、韧性规划、韧性硬件开发建设、韧性治理全员参与及联动等层面,提出城市公共物品韧性功能建设的规划开发策略。

1.3.2 研究方法

(1) 在城市公共物品安全风险方面

① 文献研究法。通过文献整理,分析国内外公共物品安全风险的研究现状,全面了解相关概念和理论基础知识,寻找城市公共物品安全治理研究的不足,归纳总结风险社会、治理理论、城市应急管理等概念和内容,分析概括国内外城市公共物品与市政设施安全治理的关键因素及风险评价研究使用的方法。

② 问卷调研法、访谈调研法。根据总结的影响价值的因素设计问卷,通过网络问卷调研、实地问卷调研和访谈调研等多种方法,以城市公共物品安全管理部门、城市居民、公共物品提供企业、事故受害者或见证事故发生的一般公众等相关人员为调研对象,对城市公共物品安全风险来源进行调研,获取实证数据,为主要因素提出和实证分析做基础。

③ 功能分析法。通过对已有的城市中公共物品安全事故、安全风险治理过程及城市公共物品安全治理机制的调查总结,分析城市公共物品安全风险边界、构建WBS-RBS城市公共物品矩阵模型、厘清城市公共物品安全风险复合治理的复杂关系。为城市公共物品安全风险相关理论研究奠定理论前提。

④ 解释结构模型分析法。通过对城市公共物品风险因素的识别,基于解释结构模型,构建城市公共物品安全风险解释结构,为风险机理生成研究做理论基础。

⑤ "WBS-RBS"风险分析法。先通过WBS对城市公共物品建设全过程进行工作分解,然后对城市公共物品安全风险基于4M1E全面管理,对城市公共物品进行风险分解,然后构建WBS-RBS矩阵,全面辨识影响城市公共物品安全风险的风险因素。

(2) 在城市公共物品韧性治理研究方面

以韧性相关理论为基础,实证研究与规范研究相结合,综合运用数理分析、计量分析、系统分析、相关分析等方法,辅以专家咨询、问卷调查等方式,将学习借鉴、理论分析与实践创新相结合,具体包括以下几点。

① 文献研究法与个案考察法相结合

通过解读文献资料,对城市公共物品韧性相关的理论研究进行分析总结,将城市公共物品与韧性功能建设结合起来，将切入点确定为韧性功能建设角度出发，分析并整理城市公共物品韧性功能评估框架与系统化模式，运用个案考察法，分析典型案例，从而探究城市公共物品韧性功能应用发挥的合理性与有效性。

② 功能解构分析法与系统分析法相结合

本书在对城市公共物品韧性功能建设的相关文献梳理的基础上，对城市公共物品韧性功能内容结构进行概念解构与系统分析。在对相关概念进行辨析的基础上，界定城市公共物品韧性功能与内容结构，解构并阐释城市公共物品韧性功能内容结构；基于系统理论，按照城市公共物品韧性功能的主要特征和外在表现，将城市公共物品韧性功能内容结构做系统性分析。

③ 因子分析法与比较分析法相结合

在城市公共物品韧性功能的影响因素部分，通过问卷和访谈调查所得数据，采用因子分析法对文献中总结的关键因素进行降维处理，提出主要影响城市公共物品韧性功能的因素，在实证分析的基础上进行比较，显示出深层次的各个影响因素之间的关系，为构建城市公共物品韧性功能评价指标体系做准备。

1.3.3 研究创新点

（1）研究方法创新

从内部与外部两个维度出发，并基于解释结构模型识别城市公共物品安全风险因素，这首先是一个创新。并且，在城市公共物品安全风险生成机理分析中，通过建立 WBS-RBS 矩阵进行风险识别，从工作过程与风险分解两维度的交叉中识别城市公共物品安全风险因素，更具有全面性。

（2）研究视角创新

从韧性视角分析城市公共物品功能建设的现状及其两者关系，同时从供需视角总结城市公共物品韧性功能特征，探索并构建了城市公共物品韧性功能分析框架，并遴选出影响城市公共物品韧性功能的相关指标，结合理论推演和实证分析，进一步分析城市公共物品韧性功能建设的逻辑框架及推进路径。

（3）内容观点创新

从显性与隐性两个维度对城市公共物品安全风险边界进行解构，在风险防控机制构建中，动态分析与静态相结合选取出更具关联性的指标；在风险治理机制构建中，从利益相关者视角切入，对城市公共物品安全治理模式总结出治理理论演进脉络，并创新性地构建了动态的"框架—模式—机制"的城市公共物品复合治理模型。在充分研究了国内外城市公共物品韧性功能建设的基础上，将城市公共物品韧性功能建设解构为内容结构、供需特征、影响因素、障碍识别、建设路径等方面，创新了韧性功能建设体系的内容架构。

1.3.4 研究技术路线

随着城市化进程加快，旧城改造、新城建设、城市扩张带来的公共物品安全问题多发，学术界和政府等对于城市公共物品安全治理问题给予了越来越多的关注与研究。同时，城市公共物品功能建设正处于转型发展的时期，脆弱性功能建设的模式已经不能满足新形势下城市发展的需求，向韧性功能建设转型已成为必然，城市的运营及发展开始集聚于城市公共物品韧性功能的优势。

① 本书对城市公共物品安全风险治理的内涵、属性与边界等深入剖析，并对城市公共物品安全风险治理统一解构，形成研究的基本框架。

② 通过对城市公共物品工作分解与风险分析，构建 WBS-RBS 风险分解矩阵，并依据对风险因素因子分解后的结果，分析城市公共物品安全风险生成机理，进而构建城市公共物品安全风险模型，从分级模型中识别出最直接和最根本的风险。

③ 通过推究风险链各个环节构建韧性治理和脆弱性治理协同竞进的可能范式和实现路径，提出了对公共物品风险链"脆弱性-韧性"共进治理新格局的纾解策略及突破思路，并基于利益相关者视角，构建城市公共物品安全风险复合治理机制。

④ 将韧性治理的理念与评测融入城市公共物品，以天津市为样本，发现城市公共物品韧性功能供需不平衡，供需呈现差异化与多样化，其影响因素包括自身物质系统因素、外部环境系统因素与物品建设组织运行系统因素等。

⑤ 从理念嵌入、能力形塑、手段多元、管理协同、平台融合、制度保障六个层面，提出了城市公共物品安全风险韧性治理推展框架，并在此基础上提出城市公共物品安全风险韧性治理策略。

具体技术路线如图 1-1 所示。

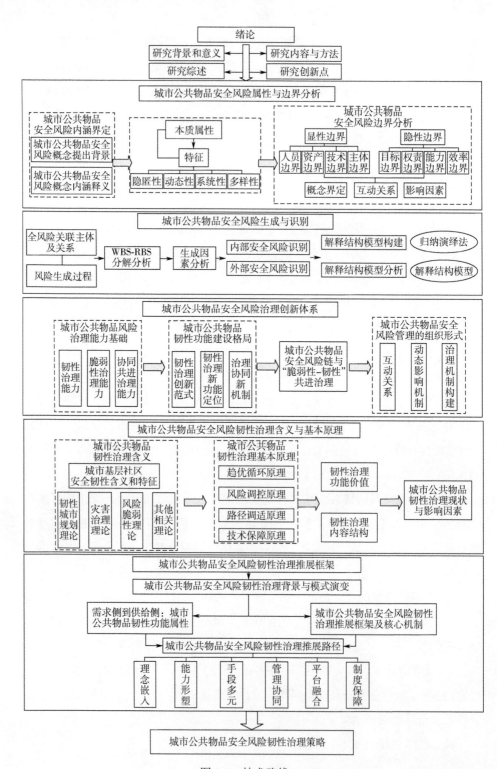

图 1-1 技术路线

第 2 章

城市公共物品安全风险属性与边界分析

2.1 城市公共物品安全风险内涵界定

2.1.1 城市公共物品安全风险概念提出背景

城市公共物品安全风险是在风险社会背景下针对公共物品领域的安全治理提出的。自从1986年社会学家乌尔里希·贝克（Ulrich Beck）在《风险社会》一书中提出"风险社会"概念以来，在全球范围内社会危机频发，关于风险社会的探讨逐步深入，而在此种背景下的中国，城市化进程的加快发展使得社会资源紧缺、城市公共物品相对静态化的供给能力无法应对动态变化的城市需求，进而出现因抢夺资源引致的交通拥堵、道路侵占，以及因公共物品供给结构不合理而引发的"空城化"与"拥挤化"共存的现象，这些现象的累积与集聚成为了城市公共物品安全事件甚至城市安全危机爆发的导火索。城市公共物品安全伴随着城市公共物品伤害及危机事件的频发态势而被关注，尤其是城市面临多元复杂风险突发的情境，城市公共安全愈发集中表现在城市公共交通设施、市政公共设施、城市环境、公共场所的基础设备等公共物品领域范畴，并在不断地扩散放大效应中挑战整个城市公共物品供给建设的安全治理神经和底线[107]。

因此，提出"公共物品安全风险"旨在从公共物品安全这一全新视角关注城市的发展，进而引起学界及城市管理领域对城市公共物品结构特征的关注，敦促相关决策部门、监管部门制定出更加精细而全面的应对策略，以便更好地规避城市公共物品安全风险，实际上也昭示了"以人为本"的城市治理理念的深刻内涵，彰显了在城市发展过程中由"数量的城镇化"到"人的城镇化"的转变决心，也蕴含着安全城市建设与社会维稳建设的重要意义。

城市公共物品是指为满足城市公众公共需求（生产和生活）和公共空间选择的各种公共性、服务性设施。包括城市污水处理、垃圾处理、道路、桥梁、市政（供水、排水、路灯、路标路牌、燃气、供暖）、人防、园林绿化等。城市公共物品建设与城市化、城市更新和城市现代化是互为一体的社会发展过程，城市化进程速度、城市更新规模和水平、城市现代化建设内容左右着城市公共物品建设方向、目标和内容，而公共物品建设和运营管理安全往往与城市稳定运行及可持续健康发展密切相关。旧有公共物品综合承载能力脆弱性、公众对公共物品的依赖性、公共物品安全对于城市安全风险防控的重要性等因素召唤着学界需要对城市公共物品安全风险给予更多的关注。但是关于城市公共物品安全风险的研究尚显不足，许多研究视角不够全面，游志斌[108]基于"准备"视角，对发达国家在公共物品等风险的识别、评估、政策调整等方面做了深入研究，并对我国城市公共物品安全风险在"准备"阶段的治理策略提出了建设性意见。陈道银[109]从风险治理的角度提出了政府主导的"政府—市场—公民社会"相互合作的公共安全复合治理结构。Tubbs J[110]从设施自身脆弱性角度阐述了公共设施自身设计、规划的缺陷会使公共危机发生的概率大幅度增加。文亚[13]通过对德国公共物品安全风险管理的深入研究，提出我国公共物品安全风险治理要走法制化、系统化、科技化、精细化及人本化的道路。Maria 和 Richard[111]认为人为损害是城市公共物品脆弱性外显的主要原因，并通过建立模型从技术角度提出用双层保护形式增强城市关键基础设施抵抗力。Mark 和 Michel 通过研究政府对公共物品领域放松管制与自由化后政策制度的转变，提出通过机构重组建立专门的公共物品安全管理部门，以应对公共物品安全性的不断变化。国内外关于城市公共物品安全风险的研究虽尚未形成完整体系，但通过对国内外风险形成背景分析和城市公共物品安全风险研究现状的梳理与认识，城市公共物品安全风险的内涵界定也逐步清晰显现。

2.1.2 城市公共物品安全风险概念内涵释义

(1) 城市快速扩张催生城市公共物品安全风险

这一层面的界定揭示了城市公共物品安全风险产生的根本缘由，明确了在冒进式的城市化发展中城市容纳力无法满足城市发展这一事实会为后期关于城市公共物品安全风险治理提供逻辑支点。首先，城市化带来经济增长与城市人口增长的同时，有限空间里容纳与人口数量相匹配的基础设施成为了待解决的难题，当公共物品被超荷载使用时，相继而来的便是公共物品脆弱性增强，以致城市公共物品时刻处在毁坏的边缘，城市公共物品安全风险问题激增。其次，为了应对城市化快速发展，城市规划者做出的规划调整往往受到旧有相对静态化的城市规划思维，规划缺少弹性，使得新扩张的城市空间常常出现部分地区空间与设施浪费而另一些地区城市公共物品依然不足的现象，公共物品的供给结构与城市发展趋势的严重不匹配导致城市建设一直处于"改变"之中，缺少相对稳定的发展环境是引发公共物品安全事故的又一原因。最后，在快速城市化发展过程中普遍存在着"地下建设为地上建设让路"，因此常常出现地下公共物品安全问题的现象，在问题治理过程中不仅存在技术困难，还存在各主体利益难以协调，治理难以进行的现象。由于公共物品容纳力不足造成的伤亡事故再一次说明，城市的迅速扩张与公共物品容纳力蜗牛式的提升必然会引发多重风险因素的集聚，从而带来更多的伤害事件，这也是公共物品安全风险得以提出的缘由。

(2) 公众感知体验下概念化的城市公共物品安全风险

这一层面的界定体现了城市发展中公共物品风险存在的客观性及其与公众主观感知的统一。吉登斯对于风险的解释"风险是人为制造的不确定性""风险不是制造出来的，而是人们安全意识的增强"，也说明了城市公共物品安全风险是一直存在于城市公共物品之中的，随着城市发展环境的变化，风险因素增多，更重要的是公众对安全的感知与需求越来越高，城市公共物品安全风险才得以被提出，因此说城市公共物品安全风险是公众感知体验下概念化的风险。首先，城市公共物品与公众的日常生活休戚相关，其风险的判断是公共物品中的各利益相关者结合自身经验及其对社会的认知，通过直接感受，并结合科学技术理性的逻辑分析得到的对于公共物品是否安全的理解、认识等主观判断。并且，从公共物品安全评价的内涵可知，公共物品安全风险评价所包含的风险分析、公共物品安全风险发展态势研究、公共物品风险演化趋势与机理分析、公共物品风险动态评价等都是需要研究者依据公众的感知体验进行理性分析。其次，公共物品安全风险大小的变化常常缘于外界公共物品安全事件的发生或环境的改变等对公众体验的变化，进而改变了公众对风险的认知，如破坏的公路在没用发生事故前，公众意识仅仅存在微小的安全隐患，但当由于公路的破损造成了一系列安全事故后，公众便会感知到它的危害，认为其具有重大的安全风险。最后，公共物品安全风险具有"涟漪效应"，一次公共物品安全风险事件发生后，由于事件的危害程度、危害方式、危害影响、公众获取信息方式等的不同，公众对风险感知存在偏差，以致对相应的公共物品是否存在以及存在何种程度的安全风险会有差异性的判断。足以说明，就风险的属性而言，城市公共物品安全风险是公众感知体验下概念化的风险。

（3）城市公共物品安全风险是基础物品建设全过程碎片化不合理因子的集合

这一层面的界定旨在解释城市公共物品安全风险的主要来源，能够为风险问题的治理与风险因素的识别提供方向。虽然城市公共物品安全风险是公众感知体验的表现，但是引起公众风险感知的原因却主要是公共物品建设全过程中各个不合理因子。从公共物品建设前期规划设计阶段来看，公共物品分布与人口分布的不匹配导致部分设施超负荷使用、公共物品建设位置不合理、公共物品结构不符合人机工程而造成公共物品危险使用等现象都是引发城市公共物品安全事故的重要因素。从公共物品建设阶段来看，建设不符合设计规定、施工过程简化等建设阶段的微小失误都可能引起使用阶段的安全事故。

从公共物品使用阶段来看，必要的公共物品缺少安全保护装置、公众不合理的使用、公众集体意识缺乏使得公共物品被盗或被损现象频发等问题易使得城市公共物品不能合理发挥其功能，引发不同程度的公共物品安全风险事故。从公共物品后期的维护方面来看，很多地方的公共物品缺少管理与定期维修，一旦出现了故障无人管理，极易引发安全事故，如城市地下燃气等管道类易腐蚀市政设施，若维修不及时很容易发生泄漏、爆炸等重大安全事故。可见，公共物品建设全过程的碎片化不合理因子集合是造成城市公共物品安全事故的主要来源，完善管理体制，在全过程统筹技术层面与管理层面是减少城市公共物品安全风险的关键。

（4）城市公共物品安全风险影响公众获得感与政府公信力

这一层面的界定揭开了城市公共物品安全风险指向，明晰了城市公共物品安全治理的目标。城市公共物品安全风险与其他风险不同，它不仅影响整个社会公众的获得感还影响政府的公信力，公众获得感与政府公信力是现阶段城市安全治理的着力点，更是检验城市公共物品安全风险治理工作的标准。

一方面，城市公共物品是为满足公众基本物质需求与生产活动而提供的公共产品，当其受到损害或因其伤害而引起安全事故时，其受影响的范围较大进而会引致较大的社会恐慌，由于风险事故所引致的恐惧感和不信任感引发了公众的焦虑，使公众的消费心理、消费行为等也会发生较大变化[112]。并且，随着城市化进程的加快，城市公共物品大规模建设本身使得公众对安全的需求增高的同时也愈发敏感，城市公共物品安全风险的增多会对公众的安全感、幸福感产生负面的压力。

另一方面，政府作为城市公共物品的主要供给主体，对公共物品安全也有不可推卸的必然责任，而政府公信力是抵御城市公共物品安全风险的基础，无论是缘于公共物品自身的脆弱性、公共物品相关部门的管理疏忽还是源自公众自身行为失范所引起的公共物品安全伤害事件，公众最终都会把责任归于政府，一旦问题处理不当，政府的公信力便会下降。因此，要恪守政府"公信力底线"，就要注意公共物品安全风险的防控，保证政府公信力的增加，进而提高公众获得感。

2.2 城市公共物品安全风险本质属性及特征

2.2.1 城市公共物品安全风险的本质属性

（1）契合风险的特征属性是遵循城市公共物品安全风险演化的基本规律

城市公共物品安全风险是基于城市化快速发展下的公共物品不断重建、扩建，并伴随着人口的大量迁移、公众安全意识增强而行为失范现象增多等情境下提出的风险，是社会风险的重要组成部分，因此城市公共物品安全风险不仅有其独有的特征也契合风险的特征属性并遵循风险演化的基本规律。城市公共物品安全风险同样具有风险拥有的自然属性、社会属性与经济属性：城市公共物品安全风险是其建设过程中各种不合理因子的集合，事件发生虽多源自技术、文化、管理等人为因素，但是自然属性依然是城市公共物品安全风险的天然属性，自然界通过风、雨、雷电等自然规律使得城市公共物品损坏加速，伤害的可能性增加；城市公共物品安全风险是在一定的社会环境下产生的，正如贝克、吉登斯等所言，城市公共物品安全风险认为风险是科技进步与社会现代化发展下逐渐显现的，正是与社会发展的并行凸显了城市公共物品安全风险的社会属性[113]。

城市公共物品安全风险与经济紧密相连，不仅表现在城市公共物品安全事故一般都会造成严重的公众人身伤亡与经济利益损失，还表现在城市公共物品自身具有的外部效应，一旦公共物品安全风险爆发，会引起公众对社会的恐慌及政府公信力下降，从而对所在区域或整个社会的经济发展带来一定的不确定性的影响，也因此称城市公共物品安全风险具有经济属性。在城市公共物品安全风险研究的过程，常常把风险因素的辨析作为首要认识，而众多风险因素共同组成了风险源，一旦风险源形成，便会通过信息传递、公众盲从行为等放大公共物品安全风险，直到某个行为诱发公共物品安全风险事件发生，然后引起更大的公共物品伤害与社会冲突，威胁整个城市的公共安全，这样一个城市公共物品安全风险的演化的过程恰好与风险由风险源通过放大器和引爆器最终引发社会冲突的演化规律不谋而合。

（2）损失最小化是城市公共物品安全风险治理的根本愿景

城市公共物品安全风险治理已上升到国家总体安全的高度，而在治理过程中坚持减少危害的原则，减少公共物品安全风险事件的发生及事故造成的损失是国家安全治理的根本愿景。而这一愿景的实现主要立足于三大依据：一是城市公共物品安全风险的经济属性；二是城市公共物品安全风险对社会发展显著的影响会影响整个社会的治理绩效；三是城市公共物品安全风险的不确定性，既包括其发生的不确定性还包括其事故结果的不确定性。首先，城市公共物品安全风险具有的经济属性表明了风险事故的发生会伴随一定的经济损失与人员伤亡，而人员伤亡与经济损失是最为直观的检验，以此作为城市公共物品安全风险治理的目标之一是政府以结果为导向的风险管理机理的必然要求。其次，城市公共物品安全风险对社会发展显著的影响会影响整个社会的治理绩效，当风险事件发生频率居高不下或者公共物品安全事故造成的损失与外部影响逐渐增大时，会引发公众恐慌，政府公信力一旦降低，社会治理难度必将加大。相反，由于风险的感知体现性，良好的公共物品风险治理举措能通过理性信息传播，使得公众对风险采取更为合理的行为方式应对，这也即在外部性方面降低了城市公共物品安全风险的损失[114]。最后，城市公共物品安全风险的不确定性表明，合理的风险预警与识别，可以很大可能避免许多风险事故的发生,或者通过一定的技术手段可以将公共物品安全风险合理利用,从而使相应的公共物品风险应对能力增强,风险伤害损失减小。因此,通过目标引导、过程导向的改进,来实现城市公共物品安全风险损失最小化的结果优化,是推动安全社会建设的根本需求。

(3)"以人为本"是城市公共物品安全风险治理的本质要求

当安全成为社会共同关注的关键议题时,只有真正建立起一种把人的生存发展与安全作为底线标准的城市安全治理理念,让公众的物质、精神共同发展,彻底转变"见物不见人"和只注重经济发展的城市治理方式,才能够从公众的角度实现城市的安全和全面发展[115]。现阶段,"以人为本"更是被认为是国家发展观的核心内容,并且随着"以人为本"的理念提出,"重视人与自然、人与社会、人与人的全面发展,关注公众需求"已经成为城市治理过程中的基本准则。城市公共物品安全风险治理很好的呼应了"以人为本"的发展需求,注重公共物品安全风险对公众的影响以及事件发生后公众的生存状态与心理诉求,给予其更多的人文关怀,可以适当减少公众恐慌,保证公共的风险感知有限理性,这将大大助益城市公共物品安全风险治理。

因此,城市公共物品安全风险治理中强调以人为本的要求,将会使得城市公共物品建设全过程注重公众的适应性与安全性、关注各类人的需求、注重代际发展、减少公共物品多年后的潜在风险等,这将会有效地解决城市发展过程中公共物品风险的日益增多,为城市的发展寻找到一条安全健康的道路,使城市建设发展朝着更加理性、和谐、完善的方向发展,这是城市公共物品安全风险治理的本质要求,也是安全城市建设的目标。

(4)持续的联合互动是城市公共物品安全风险治理的必然方式

城市公共物品安全风险治理是以政府为主导的,通过对公共物品信息的全面把握并结合公众的需求而进行的风险控制行为,在其风险治理过程中要综合考虑风险的基本特征以及城市公共物品安全风险传播特点,持续联合互动无疑成为了城市公共物品安全风险治理的必然方式。一方面,城市公共物品是为了满足公众基本生活需求而建设的,与公众有直接的接触,公众能够切身地感受到公共物品的安全状况,而公共物品建设企业对公共物品本身的构造以及发生事故后的设施运行情况有更为专业的了解,因此在城市公共物品安全风险治理时鼓励公众、社会组织、公共物品建设企业等多元参与,形成多元联动的公共物品安全风险治理新格局，能够更加深入地分析风险因素、把握公众多样化的安全需求、提升政府风险治理工作的回应力，推动城市安全健康发展。

另一方面，城市公共物品安全风险发生的不确定性与隐匿性特征要求在风险治理过程中要时刻保持对公共物品的安全监控，连续动态的监督治理既能保证风险事故一旦发生能够迅速做出应急回应，还能够保证风险事故发生后对事故的准确把握以便随时调整应对方案，减少事故损伤。公众的风险感知体验往往带有对风险信息传播的依赖性，当公共物品安全风险事故发生后必须及时地传递信息，在保证信息准确真实的前提下合理引导舆论，这样才能缓解公众对未知危险的恐慌与迷茫，减少公众的心理伤害以避免引起更大的社会安全事件，同时也能降低公共物品安全事件带来的外部负效应，实现公共物品安全治理损失最小化的治理目标。

2.2.2 城市公共物品安全风险的特征

城市公共物品安全风险作为城市社会风险的重要组成部分，拥有风险共有的一些基本特征，风险存在的客观性与普遍性、风险的社会性、风险的可测性与可变性、风险发生的不确定性、风险事故发生带来的损失性等，但是因为城市公共物品安全风险存在于城市公共物品领域，也有与其他风险不同的独有特征，如公共物品安全风险的隐匿性、动态性、多样性、系统性、人为性。

（1）隐匿性

可变性与不确定性作为城市公共物品安全风险的基本属性，并不是只有当风险事故发生损失后出现，而是与公共物品相伴而生，公共物品为满足公众利益需求的天然属性也昭示了城市公共物品安全风险事故终会带来巨大的社会损失，然而风险损失如此之大却依然难以控制的一个重要原因便是城市公共物品安全风险的隐匿性。一方面，在城市公共物品领域，公共物品建设的全过程及建设材料是否合理的问题本可以通过严密的监督管理方式进行规避，且就现有的技术水平，在许多公共物品领域已能够实现公共物品安全风险的智能测试，但是由于风险的可变性，仍有一些领域存在隐匿性强而难以检测监管，或者本来正常运行的城市公共物品只有在外界的强刺激后才会发生事故，而这样造成的事故却是突发而不易控制的。如在路网系统中，只有当受到突发性断电、持续强降水等外界刺激或干扰时，才会使得路网服务水平降低，道路设施安全风险事故高发。

另一方面，由于多数城市公共物品安全风险较小或者通过一定的技术分析不具有伤害性而常常不被重视，但经过时间的推移风险逐渐积累，最终引致公共物品安全事故的发生，这又被称作风险发生的滞后性。并且，在城市公共物品领域每天都有无数的较小事故发生，这些较小的安全事故本可以作为一种安全警示提高风险治理能力，但由于事故多数不会造成较大的经济损失与人员伤亡使得其无法引起事故受害者自身的重视，以至于多次较小事故发生后引致大型公共物品安全事故，这也反映了城市公共物品安全风险的隐匿性。

（2）动态性

城市公共物品安全风险的动态性不仅表现在与其他风险相似的风险发生的动态性还包括风险影响因素的动态性、风险传播路径的动态性以及风险损失的动态性。首先，城市公共物品处于不断变化的社会环境之中，且公众的需求与行为也随社会环境变动而改变，因此引致公共物品安全事故的风险因素处于不断变化之中。其次，公共物品安全风险事故发生后，风险的传播不是简单地直线传播，公共物品安全风险经由"涟漪效应"传播到其他不同的公共物品领域，而这种传播的路线是无序与不确定的，无法完全依靠以往的经验做出预测，因此称公共物品安全风险具有动态性。再次，城市公共物品虽然多数是固定在特定物理位置无法变动的，但其受众群体却是整个社会，即使可以通过长期的数据分析掌握某个公共物品的受众群体特点，进而制定相应的针对受众者的风险预防策略，也无法控制在公共快速变动过程中不具有共性的公众进入该领域，当面临多个这样的"特殊受众个体"时，该领域的安全风险便逐渐加大，最终会因这样的"特殊因素"引发公共物品安全风险事故。最后，城市公共物品安全风险的发生本身具有的突发性也是其动态性的表现，且由于事故发生后受伤害民众数量、事故发生后外界环境对公众的心理影响以及事故造成的经济与社会损失都随着事故发生时间的变化而动态变化，这就需要有灵活动态的应对策略应对公共物品安全风险事故。

（3）多样性

由于城市公共物品自身的复杂性以及外界环境的不确定性，城市公共物品安全风险的诱因多种多样，这也导致公共物品安全风险的表现形式变化多端，所以风险事故造成的伤害程度与严重性结果的表现形式也多种多样。一方面，由于我国城市人口来源复杂，各区域的文化差异、历史沿革以及现实发展条件等存在差异，以至于城市公共物品安全风险的形成因素复杂多样,在公共物品安全风险治理时需要考虑人文、技术以及历史的总深度和现实的关联度等多方面,以对风险有全面与正确的认识。

另一方面,当前我国多元、混合、共生的社会形态结构使得公共物品安全风险影响愈加广泛,公共物品安全风险的种类随之增多,人为的风险与由于自然原因造成的公共物品安全风险相结合,风险问题相互交叉,共振频率强,风险迅速扩散到其他领域,公共物品安全风险的表现形式愈加复杂多样。伴随着城市公共物品安全风险因素与风险形式的复杂多样,其事故发生及影响的领域也逐渐广泛,不仅涉及公众的社会生活与经济,甚至间接地影响到政治与文化的发展,从直接影响公众生存状况的电梯安全、地铁安全、电网安全等到间接性地带来公众就业危机、医疗危机、食品危机等,总之城市公共物品安全风险带来的多样性伤害已经影响到整个公共安全领域[116]。

(4)系统性

功能的多样化使得城市公共物品安全风险内部存在更复杂的联系,当系统内部任何一个领域出现问题时,若缺少及时的控制就会使得事故风险在系统内部迅速扩散,微小的扰动造成难以恢复的伤害正是城市公共物品安全风险复杂性的重要表现。从对公共物品安全风险的内涵、概念属性的解读不难发现,所谓的城市公共物品安全风险的系统性既指城市公共物品风险的系统性也暗含了公共物品安全风险管理的系统性。城市公共物品由不同领域、不同类型的设施通过相互间的关联性与蔓延性共同构成了一个复杂的系统,当子系统发生故障是会使得安全风险在系统内部扩散,公共物品系统愈发脆弱,易受内外多种因素的影响[1]。风险治理本身也是一项系统工程,包括风险评估、风险预警、预案制定、应急执行以及恢复重建等多个程序,在公共物品风险治理领域,不仅需要一定的风险管理知识还需要更加精湛的专业知识才能做好相关公共物品安全风险的治理[117]。

公共物品开放性的特点使得安全事故的原因复杂,常常是多个风险因素的相互关联、相互作用造成的,而参与公共物品建设与安全监管的部门较多,使得安全事故发生后的责任主体较多,较多的责任主体又成为城市公共物品安全风险因素增多的客观条件,且公共物品领域的系统性使得安全事故发生后极易带来次生灾害,有些事故处理不当会引致大量人口的转移慌乱,进一步危害公共的人身安全,造成财产损失。可见,城市公共物品安全风险治理过程中需要用系统的思维与方法去应对。

（5）人为性

现阶段，我国城市公共物品的建设正伴随着城市经济的迅速增长与城市化的加快而逐步扩大，城市公共物品安全风险正是公众活动与社会的一种反映，人为因素成为形成城市公共物品安全风险的重要因素，正如贝克、吉登斯等所言，城市公共物品安全风险是工业文明无限发展的产物、是公众自身行为带来的负面影响、是人类通过技术对公众生活带来的无法预测的风险，因此认为城市公共物品安全风险具有人为性。首先，随着科学技术的广泛应用与风险治理理论的发展，公共物品领域面临的一些传统自然风险问题多数都得到解决方案，现阶段公共物品领域难以应对的风险多来自建设过程中人为因素造成的设施内部的脆弱性、公共物品安全管理协调等一系列因素的复杂组合，由于人为因素的复杂性使得公共物品安全风险事故居高不下。其次，即使部分自然灾害由于灾害的突发或灾害程度的加大使得公共物品领域无法应对而引发公共物品安全伤害事故，也是因为人类在发展技术与城市扩张过程中对自然地过度破坏，导致自然灾害愈加频繁，这也反映了城市公共物品安全风险的人为性。再次，任何公共物品都有其使用寿命，人类制造了公共物品就要承担其折损后存在的安全风险，加上现实中公众对于公共物品的超负荷使用使得公共物品毁损加剧，而这种超负荷使用的程度是动态的无法预测，因此公共物品的限制使用期限很难测算，以至于多数城市公共物品运营过程中存在安全风险。最后，城市公共物品安全风险治理的全过程都需要人的参与，且各种应急制度也是人为制定的，人们在制定策略应对一定的风险的同时，总会产生新的风险需要去应对，因此在公共物品安全风险领域存在的一些制度风险也是由于人为因素产生的，可见，城市公共物品安全风险具有人为性。

2.3 城市公共物品安全风险边界分析

尽管城市公共物品安全风险治理边界问题的重要性得到了学界认可，然而对于这一问题的探讨至今仍未形成完善的理论结果，造成这一现象的原因在于3方面。

① 城市公共物品安全治理边界问题包含诸多方面，具有多维度性，边界不仅

包括风险治理的公共物品领域边界，还包括治理的规模、治理主体的职能、权利、能力等一系列问题。因此要解决城市公共物品安全风险治理边界问题首先要清晰界定治理边界主要包含哪几个维度？这需要对城市公共物品和城市公共物品安全风险治理等概念进行进一步的解构分析。

② 从问题角度来讲，城市公共物品安全风险治理边界问题本质上属于责任边界与权利边界相结合的问题，当责任与权利相结合便使得问题本身变得极为复杂，而公共物品安全风险治理又渗透着多维度复杂的目标，这使得任何以单一目标分析的城市公共物品风险治理边界的理论很难给予全面的解释。

③ 从语义层面来讲，现实中谈到城市公共物品安全风险治理边界，往往在语义上有多重含混的表述，因此，解构城市公共物品安全风险边界问题，首先要在语义上给予澄清与界定，明确所谓的"边界"具体指的是什么？并且，在实际的治理研究中，从语义角度理解"城市公共物品安全风险治理边界"，其核心不在于"边界"一词的解释，而是"城市公共物品安全风险"的释义[118]。边界是指"地区与地区的界限"，引申到城市公共物品安全风险治理边界问题，就是指作为城市治理中的重要组成部分的城市公共物品安全风险治理与其他城市治理的界限。所以，研究城市公共物品安全风险治理边界，其实质是选择合适的维度衡量与透视城市公共物品安全风险治理。

2.3.1 显性风险与隐性风险

从城市公共物品涉及领域的复杂性与各领域间的复杂关联性可知城市公共物品安全风险的复杂性，而不同的风险在诱发事故及其后果的表现各异，对其识别、控制等治理方式也存在较大差异，因此在对城市公共物品安全风险治理边界研究中应首先将城市公共物品安全风险按照一定的原则进行边界划分。安东尼·吉登斯[113]将引发安全事故的风险因素分为两类，一类是直接引发安全事故的"能量主体"，它能够决定事故后果的严重程度；另一类风险是第一类风险引发事故的必要条件，决定事故发生的可能性。殷俊[114]等将致害风险分为基本型风险与控制型风险，基本型风险是指物质性风险，控制型风险指状态性、触发型等包含并超越了非物质性风险。

基于既有研究，根据事故致因理论中海因里希对事故发生原因的解释以及系统安全理论的观点,并结合城市公共物品安全风险治理研究的需要,可将城市公共物品安全风险分为显性风险与隐性风险。所谓显性风险是指可以通过对历史数据的回顾分析、已发生的偏差、不合格或是审计中的缺陷项等来直接辨识出来的,大多是公共物品本身具有的安全风险;而隐性风险则需要通过对过程进行深入研究来判断,或者需要某些外界环境刺激才能出现的,而且需要结合知识管理来拓展目前的知识面以便更加有效地识别风险。

显性的城市公共物品安全风险与隐性的风险互为因果:一方面,显性的城市公共物品安全风险一旦引发事故会激发出隐性的风险因素,从而加大事故造成的后果;另一方面,隐性的城市公共物品安全风险长期积累或受外界扰动后会转变为显性风险,成为城市公共物品自身不可避免的致害源。将城市公共物品安全风险分为显性与隐性,不仅有利于风险治理中治理边界的划分,还可以引发城市安全治理者对隐性风险的关注,将不易察觉的隐性风险外显化,从而增强城市对公共物品安全风险的应对力。

2.3.2 安全风险的显性边界与隐性边界

将城市公共物品安全风险分为显性风险与隐性风险,也就相对应的可以讲城市公共物品安全风险治理边界分为显性边界与隐性边界。且城市公共物品安全风险的治理边界虽日益呈现模糊化的趋势,但仍受到治理系统内参与主体与资源的数量及各治理要素间的协调能力、治理主体的核心能力、环境因素等各种因素的制约,因此城市公共物品安全风险治理边界划分是一个复杂的过程。借鉴各领域治理边界划分的理论经验,在公司治理领域边界的划分多以资产、组织和法人为中心,把公司作为视角主体,从公司所有专用型资产当事人的行为作为边界划分的主要依据。在城市公共治理领域边界的划分常以政府为中心,把城市公共资源作为视角主体,从政府公共治理中的职能作为边界划分的主要依据。因此在城市公共物品安全风险治理领域边界划分时也要有具体的划分依据。

具体而言,城市公共物品安全风险治理要以社会为导向,重新定位政府统治与公众作用关系为中心[119],把城市公共物品安全风险作为视角主体,从治理主体在城市公共物品安全风险治理中的能力作为边界划分的主要依据。对于显性边界而言,显性的城市公共物品安全风险治理边界,强调城市公共物品安全风险治理中的具体及实体化要素呈现，包括参与城市公共物品安全风险治理的人员、资产、各种形态的组织主体（政府、社会组织和居民）资源规模，体现了城市公共物品安全风险治理过程中所直接投入和占有支配的资源数量规模。换而言之，城市公共物品安全风险治理显性边界即指风险治理领域划分、规模大小，不仅指治理主体自身拥有资源的规模大小，也指自身支配的社会资源的规模大小。所谓隐性的城市公共物品安全风险边界，是指针对城市公共物品发生安全治理所具有的各种主导力、协同力和支配力，这种力量能够对城市公共物品安全治理产生直接和间接的防控影响。

隐性城市公共物品安全风险治理边界之所以称为隐性，一方面是因为其表现形式是非实体性的，不可直观观测的形式；另一方面其通过无形的能力影响公众安全与社会安定，并且其对城市公共物品安全风险的治理效果也是间接的。

2.3.3 两种边界之间的互动关系

在显性边界与隐性边界之间，存在着互相对立统一的双向关系。一方面，显性边界改变随隐性边界的改变而改变，即当政府或其他治理主体在城市公共物品安全风险领域的能力大幅提高或社会对公共物品的安全需求增大时，各治理主体内部尤其是政府部门所拥有的实体规模如治理人员、资金投入、技术投入等都会相应地扩大，更有甚者，由于社会对城市公共物品安全风险的持续高度关注也会促使城市公共物品安全风险治理主体更加多元化；而当社会的需求或主体的能力削弱时，各治理主体内部所拥有的实体规模也会相应的缩小。作为城市安全文明的符号，城市轨道交通近年来的快速发展成为城市公共物品安全风险治理的重要关注方向，政府对轨道交通安全的高度关注与安全目标提高促使各安全治理部门对轨道交通安全治理领域的大量人员投入与技术投入，学术界关于轨道交通安全领域的研究也逐渐深入且精细。

另一方面，隐性边界的改变也受显性边界变化的影响。在城市公共安全治理中，城市公共物品安全治理主体天然具有自身增加规模和权利的动机和行为，从而伴随着隐性边界的塑造，与城市管理中的"帕金森定律"描述相似，城市公共物品安全风险治理主体主动地增加自身的人员规模与技术投入，政府作为城市公共物品安全风险治理的主导力量会主动地通过增加各治理主体的权利，从而明晰或拓宽城市公共物品安全治理中各主体的权责，改变城市公共物品安全风险治理的隐性边界。随着城市治理中公众参与、复合治理等理念的提出，在城市公共物品安全风险治理领域治理主体也从政府"一揽子"治理方式向"政民合作"的形式转变，社会公众、非政府组织等被赋予了一定的治理权利，从而城市公共物品安全风险治理的能力、效率，甚至是治理目标都发生了变化，城市公共物品安全风险治理隐性边界也因此改变。可见，在显性城市公共物品安全风险治理边界与隐性城市公共物品安全风险治理边界之间存在着动态互动关系。

2.3.4 城市公共物品安全风险边界解构

（1）城市公共物品安全风险治理显性边界的解构

① 四种边界的概念界定

在城市公共物品安全风险治理的显性边界中，影响因素主要来源于两方面：一方面是受城市化发展的影响，德国社会学家乌尔里希·贝克在《世界风险社会》中明确指出现代城市治理形态受城市发展水平的影响，城市化的发展促进了城市公共物品的增长，也使得城市公共物品安全风险在数量、频度、强度等方逐渐增加，因而也引发了城市公用实施安全治理领域人员、资产、技术、治理主体等的改变；另一方面，显性城市公共物品安全风险治理边界受隐性边界的影响。因此，可以从四个维度对城市公共物品安全风险治理显性边界结构，即人员边界、资产边界、技术边界和主体边界。

人员边界是指城市公共物品安全风险治理过程中被管理的人员及治理者的范围。在风险社会情境下，每个人都是城市公共物品的参与者也是城市公共物品安全风险的制造者，并且每个人制造的风险会因面对风险时的选择不同而呈现出不同的表现形式，可以说城市公共物品安全风险的制造者是全体社会公众，但是根据城市公共物品安全领域对"容许的风险"与"不被容许的风险"的划分可知，城市公共物品安全风险治理过程中被管理的对象是"不被容许的风险"的制造者；而城市公共物品安全风险治理人员不仅指所在领域的安全管理人员，所有城市公共物品"建设-运营"参与者都是其安全治理者，都对城市公共物品安全负有责任。

资产边界是指城市公共物品安全风险治理中被管理的资产范围与用于风险治

理的资产范围。资产是城市公共物品升级与领域不断拓宽的驱动力,也是保障与提高城市公共物品安全风险治理效率必要因素,因此在城市公共物品安全风险治理边界划分中应从被管理的资产范围与用于风险治理的资产范围两个维度着手:被管理的资产不能囿于城市公共物品领域的实体设施本身,主要包括污水处理设施、垃圾处理设施、道路、桥梁、市政设施、人防设施、园林绿化等,还包括服务于城市公共物品建设的"原始"资产、用于公共物品日常养护的资金及公共物品自身创造的资金收益等;而用于风险治理的资产范围包括用于风险治理资金拨款,风险检测、治理及应急设施等。

技术边界是指在城市公共物品安全风险治理过程中治理技术的范围。随着社会的发展,技术的运用更加广泛,以致技术在各个领域变得更加复杂,伴随着城市公共物品安全系统的逐渐复杂,技术的分工也越来越细。在城市公共物品风险治理过程中,任何一个治理环节的技术变化或出现故障都会引发整个系统的变化,可以说所有城市共用设施安全风险治理相关的技术都会影响风险治理的效率。

主体边界是指参与城市公共物品安全风险治理主体。旧有的政府公共安全风险治理模式不能充分发挥社会潜力,而各种组织参与治理的模式又容易使得出现"公地悲剧"与"有组织的不负责任"等现象的出现,因此,当下城市公共物品安全风险治理开始从政府单维治理向政府与企业、公众多元共治过渡转型,城市公共物品安全风险治理中应该注意政府、企业与公众的划分,以使得各主体间关系趋于动态稳定,多主体参与的城市公共物品安全风险治理模式也能够较大地提高城市公共物品安全风险的治理效率。

② 四种边界的互动关系

仔细对以上四种显性边界进行辨析,可以发现彼此之间存在互动关系。主体边界与人员边界是城市公共物品安全风险治理的基础保障,治理的主体是人,只有确定了治理者与被管理者的具体范围,才能够保证风险治理的准确与高效;并且,主体与人员的边界限定了资产与技术发展的同时,技术与资产的扩充也可以促使人员边界与主体边界变化,这种变化在不同的公共物品领域呈现不同的变化形式,需要在具体的治理过程中进一步深刻研究。

另外,从范围的比较而言,四种边界并不完全一致。一方面,资产边界与技术边界的确定比人员边界与主体边界较明确,在实践中城市公共物品安全风险治理的边界是以所在领域的政府资产划分为依据，按照相关文件规定其具有较明确的范围限制；而人员边界与主体边界相对较流动与模糊，原因在于城市公共物品领域人员流动性较大，城市公共物品安全风险治理看似面对全体公众，但考虑到治理效能，在各不同领域涉及的人员仍有不同，加上主体的边界不仅有相关法律法规、政府规范性文件还有一些社会组织自己自定义划分，这些导致边界的确定不够明确。

另一方面，从形成角度，四种边界都体现了城市公共物品风险治理与其他风险治理的界限，然而技术边界的形成更为严谨且复杂，从程序上需要多个领域的交叉认定；资产边界不仅要求是国有资产并且是服务于公众的公共资产，且风险治理过程包括资产的来源、规划、使用及部分有偿公共物品领域的定价、资金收入等资产链条的全过程；主体边界相对形成较简单，多从法理上需要政府的程序性授权，在我国主要包括政府、企业、社会组织等公众组织或个人，其中政府是天然的城市公共物品安全风险的治理主体，这是由城市公共物品的公共性确定的，企业作为社会责任的承担者同样需要承担社会赋予的部分城市公共物品安全风险治理的责任，公众或社会组织具有的责任与参与治理的权利需要法律的授权与公众的自愿性相结合；而人员边界则相对较简单，其与城市公共物品安全风险治理的组织结构有关，城市公共物品安全风险预防、应急、监控等与城市公共物品安全相关的各领域的人员都应划分在城市公共物品安全风险治理的人员边界之内。

③四种边界的影响因素。对城市公共物品安全风险治理的显性边界进一步分析，可知，尽管对显性边界的影响因素较多，但这些因素总体而言都与城市发展水平有着密不可分的关系。

首先，城市的快速发展依赖着经济的增长，且一个城市各区域的经济发展水平参差不齐，而经济的快速增长伴随着资源的需求增大的事实，会使得区域间因资源争夺而带来的公共物品领域的安全隐患，尤其是当某些区域因为资产短缺造成公共物品的超负荷运转时，极易引发城市公共物品安全事故。

其次，科学技术是经济发展的动力，当城市发展到一定水平后则促使科学技术向更便捷但复杂的方向发展，人类在使用技术的同时对技术的了解越来越少，从而使得城市公共物品领域技术难度逐渐增大，而对公共物品安全风险的技术边界划分也产生了较大的影响。城市的快速发展在使得职业划分逐渐细化的同时对人员的依赖却越来越少，多数领域依靠技术的现象致使公众有更多余的精力关注个人权利的实现，加上近年来互联网技术的发展使得政府在城市公共物品安全风险治理领域的信息更加透明化，多数公众与社会组织开始要求参与到城市治理，尤其是关乎公众日常安全的公共物品安全风险治理领域，城市公共物品安全风险治理的主体边界也随之发生变化[120]。

最后，城市的快速发展也会一定程度上促进教育的发展，教育的普及不仅能够增加公众对于城市公共物品安全风险治理的关注度与参与度，还能增加公众的道德素质，从而提高公众对于城市公共物品安全的需求，进而促使政府对于政策与资产向城市公共物品安全风险治理领域的倾斜，以致对城市公共物品安全风险治理显性边界产生影响。如随着互联网技术的发展，智慧城市已成为当前城市治理的核心理念，在城市公共物品安全领域更是充分运用互联网技术，通过大数据、人工智能、计算机视觉等技术提高了风险识别与应急处理的效能，从中可以发现城市公共物品安全风险治理中主体边界、资产边界、人员边界与部门边界都发生了一定的变化[121]。

可见，虽然政策、公众道德素质、经济、文化等都会影响城市公共物品安全风险治理，但对于城市公共物品安全风险治理显性边界而言，其最主要的影响因素是城市发展水平，这也体现了城市公共物品安全风险治理作为公共服务的一种对城市发展的依赖[122]。

（2）城市公共物品安全风险治理隐性边界的解构

① 四种边界的概念界定

城市公共物品安全风险治理隐性边界是指针对城市公共物品发生安全治理所具有的各种主导力、协同力和支配力，这种力量能够对城市公共物品安全治理产生直接和间接的防控影响。根据实际治理过程的问题分析可以发现，城市公共物品安全风险治理隐性边界可以进一步解构为四个维度，即目标边界、权责边界、能力边界、效率边界。

目标边界是指城市公共物品安全风险治理中设定的治理目标的界限。当今的城市治理已经打破原有的问题导向的治理模式，逐渐向目标导向的模式转变，而城市公共物品安全风险治理从源头减少致害因子，保证公用设施事故发生率逐渐降低的目标与城市其他治理中可持续发展、善治的目标成为城市公共物品安全风险目标边界划分的依据。

权责边界是指城市公共物品安全风险治理过程中各治理主体所行使的权利、

自身的职能和责任范围。权责边界看似无形，但在四种隐性边界中最具体和明确，且对城市公共物品安全风险显性规模影响最大，其中职责不仅来自法律赋予还来自社会责任感，而权力一般是指法律授权下应行使的公共物品领域安全风险治理权利，且与其他社会风险"中心-边缘"结构不同的是，公共物品安全风险的事故承担者多数是该风险的制造者，这使得其权责具有公共性、法定性、无形性、权责一致等特征。

能力边界是指城市公共物品安全风险治理主体具有的各项治理功能的能力范围。城市公共物品安全风险治理能力要与城市发展水平相联系。首先，城市发展水平决定了政府对城市公共物品安全的政策倾斜度与资源投入；其次，一个城市的发展水平也间接地决定了公众的知识能力，从而影响知识资源的投入与公众公共物品保护意识的提高；再次，由于公共物品系统庞杂，每个领域对公众日常生活的影响不尽相同，因此不同领域对安全治理能力的要求也会存在差异化；最后，多主体协同治理的模式已经逐渐在城市风险治理领域逐渐完善，在公共物品安全治理过程中同样也存在不同的主体结构，不同的治理主体拥有不同的处理形式与领导能力，因此在不同的治理主体中，对能力的划分也存在差别化。

效率边界与能力边界相似，但更多地强调治理主体能否高效地完成任务。效率边界的划分受能力与资源的限制，当治理主体的治理行为产生的效果远低于投入或对风险控制低于公共物品自身的恢复力时，这种治理行为称为无效率治理；而当治理主体资源有限或是受社会条件限制时，即使有很强的治理能力，其治理效能也会因资源的限制而无法达到更高，这种治理效率的最高界限也是城市公共物品安全风险治理的效率边界[123]。

② 四种边界的互动关系

对四种隐性边界进一步剖析可以发现，四种隐性边界两两间存在密切的关联性，且从整体划分可知，目标边界和权责边界形成具有相似特性的概念组，而能力边界与效率边界形成另一组概念，从而形成了任务边界与效能边界两个维度，而在每个维度内又具有一定的差异性，且各边界之间又相互影响。

首先，在目标边界与权责边界形成的任务边界组内，治理目标的确定常依赖于城市发展状况与治理主体的形势预判，而权责边界一般依据法律规范，可以认为，目标边界相较于权责边界更具有主观性。显然，城市公共物品安全风险治理的目标确定了政府赋予各主体的权利和职责的范围，而治理主体随着社会安全需求的变化治理责任增大的同时能够间接地影响治理目标,因此,治理目标的调整与治理主体的权责调整具有一定的一致性。其次,在能力边界与效率边界形成的效能边界组内,能力考虑的是在没有外界环境限制下,城市公共物品安全风险治理各主体的治理能力范围,而效率边界是考虑到治理主体的综合投入和治理效果后的城市公共物品安全风险治理主体有效行为的范围,因此,能力边界与效率边界在核心范围重合的同时,能力边界大于效率边界。并且,在一定增长幅度内,能力的提高与效率的增长具有同步性,即当治理主体整体治理能力增强的同时,风险治理效率也会得到一定的提高,而当治理主体由于组织技术、专业知识等提高了行政效率后,整体的治理能力也会相应增强。再次,在能力边界与目标边界之间,当治理目标边界扩大时,处于目标导向下的城市公共物品安全风险治理能力会朝着提高的方向发展,但其结果是确实未知的,且目前尚没有准确的实验数据证明该结论,但是实践发现,当治理能力提高时,公众对治理的目标要求却会提高。最后,在权利边界与效率边界之间,治理主体的权责边界扩大,并不意味着治理效率的提高,相反,权责边界的扩大会导致政府等治理主体的事务更加庞杂,许多界限内的行为是无效率的,以致治理效率降低;而治理效率的边界变化对权责的影响则是间接而微小的。可见,在城市公共物品安全风险治理的四种隐性边界内部存在复杂的互动关系,处理城市公共物品安全风险的边界是首先厘清其中的关联性,才能更加有效的应对城市公共物品运营中出现的安全风险事故。

③ 四种边界的影响因素

城市公共物品安全风险治理的四种隐性边界之间存在相互促进或者抑制的关系,一种边界发生变化都会引起其他维度的边界发生改变,进一步对四种隐性维度影响因素的分析,可以发现,尽管影响城市公共物品安全风险治理隐性边界的因素众多,但总体而言可以将这些因素概括为四类:社会需求、统治需要、管理技术与资源储备。首先,从社会需求角度分析,整个社会的意识形态、公众的综合素质与社会发展水平等因素都可被列为社会需求范畴。政府认为社会该如何运作直接决定了其赋予治理主体的权利以及在城市公共物品安全风险治理的目标设定,公众的受教育程度、生活背景等综合素质也影响了其对社会发展的认知,从而影响其对公共物品安全的需求,可见社会需求对城市公共物品安全风险治理的目标边界与权责边界划分都有较大的影响。其次,从统治需要角度分析,作为城市公共物品安全风险治理的主导力量,政府保证其主导地位的前提便是统治权力的延伸,当政府结合具体的环境、条件与战略规划确定了权利、职责与统治目标时,自然会设定与其相适应的法律法规,从而明确其目标边界与权责边界。再次,从管理技术角度分析,管理技术包含组织形式、人员素质等,各治理组织内外部管理的技术手段方式、与管理人员的知识技能等能够同时影响治理效率与能力范围,这种影响力较直接且影响力很大,通常越先进的管理技术越能够提高风险治理的效率与能力,但对资源储备要求也更高。最后,从资源储配角度分析,所谓资源储备不仅是指实体的设备资源、人力资源,还包括组织资源等,如前所言,设备资源的储备能够影响管理技术能力,但同时也会影响公共物品运用中的技术能力,而人员作为活化资源,不同的人员因个人能力、受教育程度、社会关系、生活背景等的不同而具有不同的素质能力,进而影响整个公共物品安全风险治理主体内部的治理能力与效率,而任何一个治理主体都是一个组织,其掌握的资源越大对治理能力影响越大,组织资源素质更高对效率边界影响更大。

（3）城市公共物品安全风险治理问题系统解构

基于对城市公共物品安全风险治理显性边界与隐性边界的研究,可以通过各边界间的关系分析对各边界进行统一解构。城市公共物品安全风险治理边界问题解构示意见图2-1。

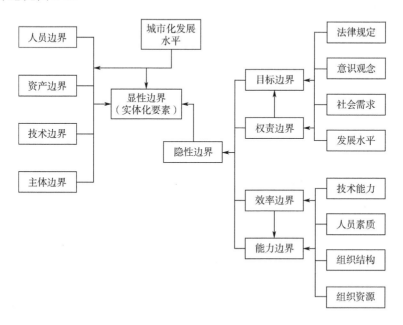

图2-1 城市公共物品安全风险治理边界问题解构示意

由图 2-1 可以看出城市公共物品安全风险治理显性边界可以分为人员边界、资产边界、技术边界和主体边界，这四种边界都受城市化发展水平影响，且这四种因素决定了城市公共物品安全风险治理的规模，而隐性边界又直接地影响着显性边界。可见，城市公共物品安全风险治理规模主要是由隐性边界及城市发展水平共同决定的，且隐性边界对城市公共物品安全风险治理的显性边界起决定性作用。

城市公共物品安全风险隐性边界可以分为目标边界、权责边界、效率边界、能力边界四种，这四种边界又可以进一步划分为由"目标-权责"组成的任务边界和由"效率-能力"组成的效能边界两个维度。其中由目标边界和权责边界组成的任务维度主要受法律法规、意识形态、社会需求和发展水平等因素影响，但区别在于权责边界更多地被法律法规限制，界限划分更加清晰，而目标边界更多地受政府等治理主体的意识观念与城市发展水平等主观因素影响。效率边界与能力边界组成的效能维度主要受技术能力、人员素质、组织结构和组织资源等因素影响，但是能力边界与效率边界之间依然存在区别，主要在于能力边界不考虑外界因素与治理结果，重在表示当外界资源足够利用治理主体具有的治理能力而不考虑效率因素。在此基础上，"目标-权责"组成的意识边界和由"效率-能力"组成的效能边界决定了城市公共物品安全风险治理的规模，即其对城市公共物品安全风险治理的显性边界的划分起到了重要作用。且权责边界和效率边界同样起到了重要作用：当城市公共物品安全风险治理主体拥有的权利越大时，政府对于其资金与政策等的支持力度也会越大，从而扩大城市公共物品安全风险治理的显性边界；而当城市公共物品安全风险治理效率越高时，城市公共物品安全风险治理的规模则会越精简。

2.3.5 治理主体的职能优化

解构城市公共物品安全风险边界，不仅是一种纯理论的抽象讨论，还对提高城市风险防控和优化城市安全治理有所启发。由治理问题的解构可知，最困扰风险治理的重要问题之一是无法确定治理领域、治理主体、治理权责等边界问题，无法明确政府-社会-市场在城市公共物品安全治理过程中的关系问题。换而言之，在当前的城市公共物品安全风险治理中，充斥着大量应该由社会或市场承担的职能却由政府独自承担责任。并且,从构建的城市公共物品职能优化模型中,可以探索出改善这种现状的职责划分思路。

从城市公共物品安全风险治理边界解构中可知,在整个城市公共物品安全风险治理范畴主要由以目标边界和权责边界组成的任务边界维度与以效率边界和能力边界构成的效能边界维度构成,而将显性边界中的人员、资产、技术等公共物品安全风险治理中的实体要素成为风险治理的资源禀赋,其在城市公共物品安全风险治理范畴中的调节控制作用与人员、技术设备、资金等资源存量及可利用率有密切关系。城市公共物品职能优化范围如图2-2所示。

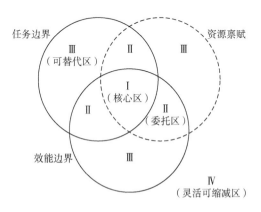

图 2-2 城市公共物品职能优化范围

从图2-2的城市公共物品职能优化范围中可以看出在城市公共物品安全风险治理范畴内,任务边界、效能边界与资源禀赋形成了三个区域。在三个边界的内部(Ⅰ号区域),表示在法律明确授予的权责内,治理主体具有较高的效率优势,且社会资源较丰富,这一区域被称为治理职能的核心区域。在这一区域内政府、社会与企业之间权责分明,能够达到良善的协同沟通,政府的主导作用下各主体能够独立的完成自身权责内的治理任务且治理效能得到充分发挥,从而达到效能最优化。Ⅱ号区域又可称为委托区域,表示在权责界定、效能优势与资源禀赋中任意一项在边界外,如在任务边界与资源禀赋交叉的Ⅱ号区域内,由于治理主体(尤其是政府)治理效能水平有限,即使拥有法律授予的权利与充分的人力、技术等资源,也无法独立完成法律规定的治理目标,这时可以采用委托的形式交由其他的组织形式配合完成,但此时依然保持其自身的主导与监督作用。在Ⅲ号区域内,治理主体在任务边界、效能边界与资源禀赋中只有一种处于边界内部,如在任务边界内的Ⅲ号区域中，治理主体只拥有法律规定的权责，而在资源禀赋与效能优势都比较匮乏，治理主体已经不能充分发挥自身的主导作用，可以以替代的方式将治理目标转移给其他具有资源禀赋和效率优势的组织部门，这种现象常出现在政府治理主体内部，可将该区域称为可替代区。

值得注意的是，资源禀赋作为城市公共物品安全风险治理职能范围划分中的控制变量，当只有资源而缺乏权责与效能优势时，可以考虑将此类治理任务适当缩减。在Ⅳ号区域内，城市公共物品安全风险治理任务处于任务边界、效能边界、资源禀赋的边界外部，因为这一区域风险治理任务主要是由于社会责任赋予的治理目标但没有足够的权责、效率和资源的保证，在治理过程中可以考虑依靠公共物品自身的弹性、社会的自恢复力等灵活的缩减治理任务，不能缩减的可以充分利用市场、社会组织等参与治理，因此，可以称这一区域为灵活可缩减区域。

以上的关系可以进一步用图 2-3 城市公共物品安全风险治理职责划分的三维关系来显示。

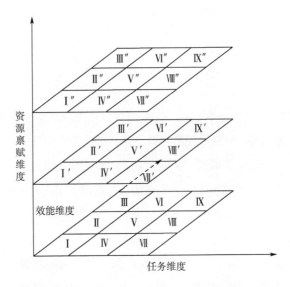

图 2-3　城市公共物品安全风险治理职责划分

根据隐性边界的两个维度——效能维度与任务维度，并结合显性边界的调节控制作用，当治理主体从法律上或者治理必要性上必须执行某些权利和职责，或者具有明确的治理目标时，可以认为其权责和目标的必要性很高；当治理主体具有很高的从事某个治理活动的能力或效率时，认为其效能很高；当城市公共物品安全风险治理中的人力或者设备资源、技术等能够为其治理提供丰富的物质保证时，也即当其具有较大的资源储备时，认为其资源储备很高。将效能维度、任务维度和资源禀赋维度各区分为 3 个区间，形成 27 个空间区域依次分析。

（1）当任务维度高时

表示治理主体有法律明确规定的权利与职责从事这一领域的公共物品安全风险治理：当效能维度与资源禀赋维度同样高时，这表明主体不仅在职责上必要、效能上有优势，且资源充足，这时的主体可以按照法律赋予的权责既各自分工又能彼此协调，从而达到更高的协同治理能力，这一区域对应图 2-3 的 I 号区域。无论是人员、设备资源或者技术，都是城市公共物品安全风险治理的基础要素，对风险治理的调节因素表现在：当效能维度高而资源禀赋适中时，治理主体需要考虑与其他组织合作的形式，这种现象在政府部门表现尤为明显，政府部门掌握的实体资源有限，但在风险治理中拥有最大的权责与效能，此时政府部门需要考虑与拥有较多资源的企业单位合作治理，这一区域对应图 2-3 的 I′号区域。

与此相同，在区域 II 中同样需要采取合作的方式，而在区域 I″中，因为资源禀赋维度低，单纯的合作形式已经无法在治理主体间达成协同，需要采用委托治理的形式，将治理任务委托给在资源禀赋高或较高的社会组织，而自身保持监督的功能以完成对自身职责的负责，在区域 III、区域 II′、区域 II″同样是采用委托治理的形式。当效能维度与资源禀赋都低时，相对应的治理主体虽有明确的责任，但因其他条件的不成熟也要将治理职责委托其他组织替代，同时要保持自身监督领导的职责。

（2）当任务维度居中时

表示治理主体有一定的法律规定的权利与职责从事这一领域的公共物品安全风险治理：当效能维度与资源禀赋都高时，应该倾向于独立承担治理任务，使自身的效能优势充分体现出来（见图 2-3，IV 号区域）。当效能维度高而调节变量资源禀赋为中等或低时，则要选择与其他组织合作，利用其他组织资源优势的形式对城市公共物品安全风险治理（见图 2-3，IV′、IV″号区域）。当效能维度同样为中等时，若资源禀赋较高则选择合作的形式（见图 2-3，V、V′号区域），若资源禀赋低则只能选择委托治理的形式，才能实现城市公共物品安全风险治理职能最优化（见图 2-3，V″号区域）。当效能维度低时，若资源禀赋较高，则选择委托治理的形式，但要保持自身的主导作用（见图2-3，Ⅵ、Ⅵ′号区域），若资源禀赋低，则可以考虑适当缩减公共物品安全风险治理任务，以减少不必要资源的浪费（见图2-3，Ⅵ″号区域）。

（3）当任务维度低时

表示治理主体没有太多法律与公共利益的必要性介入这一领域的公共物品安全风险治理：只有当效能维度与资源禀赋较高时可以考虑选择其他委托治理的形式，以保证城市公共物品的安全性，且不需投入过多人力在该领域的治理监督上，由受委托的治理组织承担责任（见图2-3，Ⅶ、Ⅶ′、Ⅷ、Ⅷ′号区域）。当效能较高但资源禀赋低或资源禀赋高而效能低时，治理主体可以一定程度地介入该领域，但应主要交由其他合适的组织部门替代，且在引导其他组织部门进入后，治理主体可选择退出（见图2-3，Ⅶ″和Ⅸ号区域）。当效能与资源都较低时，表示治理主体不仅没有介入该领域的权责，还没有风险治理的效能与资源优势，这时的治理内容是社会意识与公共义务赋予的，考虑到公共物品自身的恢复力与公共的自我约束力，该区域的治理任务可以适当缩减，并且引导市场参与治理（见图2-3，Ⅷ″、Ⅸ′和Ⅸ″号区域）。

第3章

城市公共物品安全风险生成与识别

3.1 城市公共物品安全风险关联主体和生成过程

3.1.1 城市公共物品安全风险关联主体及关系

城市公共物品安全风险的承担主体一般包括政府、公众、社会组织和企业四大类。其中，政府在城市公共物品安全风险治理中处于主导地位，主要负责公共物品的布局规划、制度制定及监督管理；公众享有城市公共物品的使用权利，是城市公共物品安全风险事故的主要受害者，并对物品的质量和数量做出评价，公众的行为对公共物品的安全产生直接作用；社会组织在城市公共物品安全风险治理中处于较为重要的位置，在政府、公众与企业间建起了纽带作用，不仅能够充分吸纳公众意见向政府与企业传递，促使资源的有效配置，还能够充当风险治理过程中的"安全阀"，及时发觉风险因素，在风险事故发生后，还可以充当受害群体与政府、企业等供给者之间矛盾的"稀释剂"；企业作为城市公共物品中的主要供给主体，负责城市公共物品的供给、建设及后期的运营维护，其决定着城市公共物品的整体情况及提供服务的状况与效果。在这些承担主体间存在着多种关系，首先，政府作为公众的代理人，代理公众实现对公共物品的诉求，而政府在收集公众诉求并决定提供服务的形式时，又不能完全依赖与公众的一对一沟通，社会组织便以一种间接代理人的形式，代表公众表达诉求的同时代表政府传达治理理念。其次，政府作为城市公共物品建设的布局规划和资金主要提供者，委托企业作为公共物品的主要生产者，两者以共同的价值目标达成协议，政府负有监督、评估企业产品质量及结果评价的责任，并根据企业提供产品的质量，向企业拨款。再次，企业与公众之间也存在服务关系，企业按照政府规划为公众提供公共物品，而公众却通过直接的对公共物品的使用情况对政府的工作做出评价。最后，社会组织作为城市公共物品治理中第三方参与主体，作为公众与政府的代理人，还肩负企业公共物品建设全过程的监督工作，既可以减轻政府监督管理的困境，还有利于企业提高供给质量。

3.1.2 城市公共物品安全风险生成过程

城市公共物品安全风险生成过程一般包括前期调研与规划、招投标与建设施工、评估验收、运营维护四个环节[124]。政府在提供城市公共物品之前，需要通过走访、听证、数据统计等需求调研清楚地了解和分析当前及未来公众的需求范围与需求数量，并根据公众需求结合城市发展趋势及环境因素规划需要投入建设的公共物品，并对其进行整体布局，一旦数量、质量或者公共物品的布局不合理，城市公共物品领域的风险物品便会增多。通过招标选择经考核具有相应资质的企业承接对应公共物品的建设，并且对建设的数量、质量、特殊工艺需求、运营模式及企业承担责任等给予约定，并保留监督权力，监督过程中对企业资质及公共物品建设的细节监督影响整个公共物品的安全，发现问题应立即制止，抑制风险因素的增加，否则在长期的使用过程中会使风险因素累积，进而演变为造成城市公共物品安全风险事故的主要诱因。企业在公共物品建设阶段，按照与政府的约定提供公共物品，同时接受政府、公众及社会组织的监督、评估及施工全过程的安全管理，在达到城市公共物品质量要求标准的情况下，城市公共物品即可投入运营使用，管理与监督既是对公众行为的约束也能够对企业及政府行为产生一定的限制作用，忽视监督的重要性，则易诱使城市公共物品领域参与主体做出风险行为。城市公共物品一旦投入使用，通常政府的常设管理机构或被委托企业便承担其运营过程中的维护保养的责任，并对使用过程中公共物品的日常品质状况给予管理，城市公共物品周边环境、公众行为及质量变化都能成为威胁城市公共物品安全的风险因素。

在每个阶段累积的城市公共物品安全风险因子在达到公共物品的承受极限后便会引致城市公共物品安全风险事故，经过公众、新闻媒体及社会组织的传播，风险发生扩散，并进一步发展，进而引发更大的风险事故。在风险事故发生后，政府采取相应的风险事故应急措施，在应急救援过程中会因为城市公共物品领域的相互关联性，产生一些关联风险。

3.2 城市公共物品安全风险工作风险分解法（WBS-RBS）分解分析

3.2.1 工作风险分解法（WBS-RBS）及适用性

工作风险分解法（WBS-RBS）是一种基于工作分解结构的风险分解识别方法。运用 WBS 定义划定风险识别范围，然后在范围内对项目进行 RBS 风险分组，这种风险识别方式可以包含项目全部的风险减少风险遗漏，且每降一级，风险来源定义更加详细。其中 WBS（work breakdown structure）被称作工作分解结构，通过对项目全部工作范围的分解，将工作中具体可操作的步骤更加细化；RBS（risk breakdown structure）被称作风险分解结构，通过对项目中可能存在的所有风险分类，以防止风险识别人员有风险产生原因的疏漏。

工作风险分解法的基本步骤是：首先通过工作分解建构 WBS，其次是通过风险分解建构 RBS，然后将 WBS 与 RBS 底层的子活动交叉构成 WBS-RBS 矩阵，最后对矩阵中的每个风险因素进行整理，即可对项目实施期内所需关注的风险及实施阶段明确识别。工作风险分解法集中了 WBS 和 RBS 的优点，既能深入项目的各环节，涵盖项目工作的全范围，又能对项目中可能存在的所有风险全面分析，改进了传统风险识别中不系统、因素缺失及缺少定性等缺点，从而系统全面的完善了风险识别的整体流程。

城市公共物品领域系统性较强,但主体与过程较为清晰,运用 WBS 和 RBS 开展风险识别较易开展,国内外研究学者在城市公共物品安全风险领域结合 WBS-RBS 对项目风险识别方面进行了初探:John Reilly 对于复杂的隧道工程提出了运用工作风险分析法实行全面的风险辨识;王国庆[125]将保障供需一致性,提高应急救灾资源配置为目的,运用 WBS-RBS 方法对城市公共物品风险治理中应急救援阶段的风险急性识别;李彦斌、唐辉、王冬梅等[126]则运用实例描述了在大型城市公共物品项目中运用 WBS-RBS 模型识别风险的方法,并结合实际效果对该方法做出评价;陈伟珂[127]针对地铁项目中的关键风险因素运用 WBS-RBS 方法进行科学选取;在道路桥梁、网络物品建设、市政物品投入等城市公共物品领域,研究学者都曾运用 WBS-RBS 法进行风险辨识初探[128,129],且其效果表明此方法在风险识别方面具有简便、清晰、易操作等优点。在以往的文献研究中,WBS-RBS 多是运用在各分部分项工程或城市公共物品的某个领域,对于整个城市公共物品领域的风险识别还缺少一个统一的框架,不利于整个城市公共物品安全风险识别与治理,因此,本书试图在已有研究的基础上选用工作风险分解法(WBS-RBS)作为城市公共物品安全风险识别的基本方法。

3.2.2　城市公共物品安全风险WBS分解

WBS 基于工作流程,通过层层分解,将城市公共物品工作的全过程分解成多个便于分析的较小的工作单元[130]。根据城市公共物品建设及运维全过程分析,并结合已有文献对城市公共物品安全风险治理的研究,将城市公共物品工作分解为前期规划、招投标、建设施工与运营维护四个主要阶段。

(1) 前期规划

在城市公共物品前期规划阶段,首先要通过需求调研确保公共物品的需求内容及需求数量与供给相匹配,这是保证供需平衡以减少公共物品因使用超载而影响安全使用的关键。前期的需求调研之后,需要依据城市周边公众特征、地理信息及城市发展规划,制定对应的公共物品布局,然后根据布局与需求并结合政府的经济状况做出相应的预算,并依据预算做出物品建设方案规划,包括建设方式、融资渠道等。

（2）招投标

前期规划后要通过招投标形式选择外包企业，招投标过程中包括对投标单位的资质审查，合同拟定及详细建设方案的制定。

（3）建设施工

在通过招投标形式选择合适的企业后，企业开始进行工程施工，在施工过程中需要政府和社会组织对施工单位的施工过程给予监督评估，防止施工过程中出现相应的技术问题，在项目施工完成后，施工单位需要向政府提出工程验收，并收回尾款，在工程验收结束后应对公共物品的质量、功能等进行持续跟进的评估监督，使公共物品的安全性得到有效保障。

（4）运营维护

公共物品进入运营阶段，运营期间主要工作除了公众使用公共物品之外，还包含社会组织对服务供给人员及使用公众的行为监督，以及对物品的定期保养，以保证城市公共物品持续安全供给。

城市公共物品 WBS 分解树如图 3-1 所示。

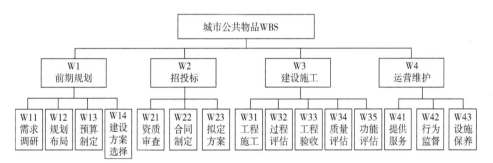

图 3-1 城市公共物品 WBS 分解树

3.2.3 城市公共物品安全风险RBS分解

对于城市公共物品安全风险的分解方法多种多样，可以从内部和外部环境分析，可以从各参与主体的不同视角分解，也可以依据风险事故的损伤程度或急缓程度等分解[131]，但是，由于 RBS 是从风险管理的角度把所有可能存在的风险列出来，因此按照 4M1E 的方法从项目质量的全面管理角度对城市公共物品风险进行分解，得到的风险分解结果会更全面合理。

（1）人员因素

人员因素主要包括管理能力水平、安全责任意识和行为规范性。城市公共物品规划建设期间管理人员的能力水平对建设期间的物品质量起到至关重要的作用，进而影响公共物品使用期间的安全性；人员的安全责任意识包括管理人员的安全责任意识和公众的安全责任意识，管理人员的责任意识会通过约束其行为减少公共物品建设中的寻租、腐败等，从而影响城市公共物品安全，公众的安全责任意识会通过增强自身行为约束而减少对城市公共物品的损害；行为规范性是指城市公共物品相关工作人员与使用者的行为，工作人员的行为规范性影响着施工或管理质量，从而影响城市公共物品安全性，而公众的行为规范性则直接影响其使用公共物品的安全性，一旦行为不规范其安全就会受到威胁。

（2）设备材料因素

设备材料因素主要包括自然磨损性、物品过度使用及材料品质差三个因素，其中材料品质差是指城市公共物品的制作材料天然具有的脆弱性，其对公共物品安全影响不言而喻。

（3）技术因素

技术因素主要包括布局科学性、结构合理性、建设使用标准完整性及使用难易性，布局与结构会影响公众对于公共物品的使用情况及公共物品的功能，从而影响其安全性[132]；建设使用标准完整性会影响公众的规范操作，进而影响公共物品安全；使用难度较大的公共物品则会因公众的不合理操作加快公共物品损耗，或因不正确操作直接引发城市公共物品安全风险。

（4）环境因素

环境因素主要分为自然环境因素、社会环境因素和管理环境因素，其中自然环境因素主要指自然气候风险性和地貌地质复杂性；社会环境主要指社会事业发展水平、风险关联传导性和人为主观损伤性，其中社会事业发展水平通过社会对公共物品安全的重视度及城市公共物品安全领域的社会资本积累等影响城市公共物品安全，风险关联传导性是指相关联风险事故的出现对城市公共物品造成的安全影响；管理环境主要包括主体功能协调性及管理制度完善性，其中城市公共物品主体间的协调性通过影响安全风险因子出现后信息的传递间接影响城市公共物品安全[133]。

城市公共物品 RBS 分解树如图 3-2 所示。

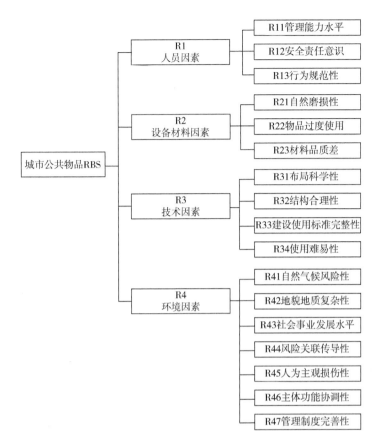

图 3-2 城市公共物品 RBS 分解树

3.2.4 WBS-RBS 的城市公共物品风险矩阵模型

根据城市公共物品安全风险的相关主体及风险生成过程,结合 WBS 和 RBS 分解树,将工作分解后的城市公共物品建设基本工作与风险分解后的风险因素进行交叉以构建 WBS-RBS 矩阵,并逐一判别 WBS-RBS 矩阵中各风险因素值(1 代表风险存在,0 代表风险不存在)。在矩阵表中,将城市公共物品建设的工作分解为风险承担主体、子部分和相应的基本工作,其中风险承担主体包括政府、企业、公众与社会组织,子部分包括前期规划、招投标、建设施工和运营维护四部分,然后是相应的基本工作,共 15 项。风险因素分为人员因素、设备材料因素、技术因素、环境因素,将四类风险因素进一步细分为共 17 类因素。然后通过专家访谈的形式广泛征求意见,给矩阵中各个风险因素赋值(见表 3-1)。

表3-1 城市公共物品 WBS-RBS 矩阵赋值

	项目	前期规划				招投标			建设施工					运营维护		
		需求调研	规划布局	预算制定	建设方案选择	资质审查	合同制定	拟定方案	工程施工	过程评估	工程验收	质量评估	功能评估	提供服务	行为监督	物品保养
人员因素	管理能力水平	1	1	1	0	1	1	1	1	1	1	1	1	1	1	1
	安全责任意识	1	1	0	1	1	1	0	0	1	0	0	0	0	1	1
	行为规范性	0	0	1	1	1	1	1	1	1	0	0	0	0	1	1
设备材料因素	自然磨损性	0	0	1	0	0	0	1	1	0	0	0	0	1	0	0
	物品过度使用	0	0	0	0	0	0	0	0	0	0	0	1	0	0	1
	材料品质差	0	0	1	0	0	0	1	0	0	0	0	0	1	0	0
技术因素	布局科学性	1	1	0	1	0	0	0	0	0	0	1	0	1	0	1
	结构合理性	0	0	1	0	0	0	0	0	0	1	0	0	0	0	1
	建设使用标准完整性	0	1	0	1	1	0	0	0	0	0	0	0	0	0	1
	使用难易性	0	1	0	0	0	0	0	0	0	0	0	0	1	1	1
环境因素	自然气候风险性	0	0	1	0	0	0	0	0	1	0	0	0	1	0	1
	地貌地质复杂性	0	0	0	0	0	0	0	0	0	0	0	0	1	0	1
	风险关联传导性	0	0	0	0	0	0	0	0	0	0	0	0	1	1	1
	人为主观伤害性	0	0	0	0	0	0	0	0	0	0	0	0	1	0	1
	主体功能协调性	1	0	0	0	1	1	0	0	0	0	0	0	1	1	1
	社会事业发展水平	0	1	1	0	1	0	1	0	0	0	0	0	1	0	0
	管理制度完善性	1	1	0	0	0	1	1	1	0	0	0	0	1	1	1

3.3 基于因子分析的城市公共物品安全风险生成因素分析

3.3.1 问卷调查及信度效度检验

（1）问卷设计

根据构建的城市公共物品风险矩阵中各城市公共物品安全风险因素，可以看出在分解的 17 个城市公共物品安全风险因素较多，不利于数据的分析与风险的辨识，且在这些错综复杂的变量间可能会存在某些能反映这些因素共同特征的因子。因此选用因子分析法，通过对原始变量的重组，找出变量间的公共因子，从而达到降维的目的，进而识别出城市公共物品安全风险生成因素。Likert 五分量表是指量表由一组陈述组成，每一陈述有 5 种回答，被调查者的态度总分是对各道题回答所得分数的加总，这一总分可说明态度强弱或在这一量表上的不同状态。调查问卷采用 Likert 五分量表来测量各影响因素对城市公共物品安全风险的影响程度，要求被调查者对问题所描述的情况以 1~5 分进行打分，具体分值主要表征为：1—非常不重要，2—不重要，3—一般，4—重要，5—非常重要。根据研究需要，制定调查问卷，问卷调查的对象为城市公共物品安全风险的利益相关者及政府、企业、社会组织、新闻媒体及普通公众，其中对普通公众采取偶遇方式进行随机抽样，对政府、企业、社会组织及新闻媒体的问卷发放根据总体样本容量预先设定。最终发放问卷 260 份，回收问卷 251 份，其中全部选择统一影响程度、存在漏选项按照无效问卷处理，最终共回收有效问卷 239 份，有效率为 91.9%。

（2）量表的信度与效度检验

① 信度检验

信度即问卷测量的可靠性，指采用同样的方法，对同一对象重复测量所得到结果的一致性程度。量表的信度越高，量表越稳定。常用的信度检验方法有 Cronbach's Alpha 系数（内部一致性系数）和折半系数两种。本书采用 Cronbach's Alpha 系数对问卷信度进行分析。一般而言，Cronbach's Alpha 系数大于 0.7 时，信度较高，而在探索性检验中，Cronbach's Alpha 系数可以小于 0.7，但应大于 0.6。对城市公共物品安全风险影响因子人员因素测量题项进行信度分析，其分析结果如表 3-2 所示。

表 3-2　人员因素信度分析

项目	项总计相关性	项已删除的 Cronbach's Alpha 值	Cronbach's Alpha
管理能力水平	0.464	0.782	
安全责任意识	0.566	0.746	0.796
行为规范性	0.495	0.690	

从系统导出的数据可以看出，人员因素的 Cronbach's Alpha 值为 0.796，且所属的 3 个变量与量表总计相关值在 0.464~0.566 之间，均大于 0.2 的标准，且每个变量删除后的 Cronbach's Alpha 值在 0.690~0.782 之间，删除任何一项变量都不会提高人员因素总体的 Cronbach's Alpha 值，因此，人员因素量表数据具有较高的信度。

对城市公共物品安全风险影响因子设备材料因素测量题项进行信度分析，其分析结果如表 3-3 所示。

表 3-3　设备材料因素信度分析

项目	项总计相关性	项已删除的 Cronbach's Alpha 值	Cronbach's Alpha
自然磨损性	0.357	0.612	
物品过度使用	0.209	0.555	0.613
材料品质差	0.464	0.608	

从系统导出的数据可以看出，设备材料因素的 Cronbach's Alpha 值为 0.613，且所属的 3 个变量与量表总计相关值在 0.209~0.464 之间，均大于 0.2 的标准，且每个变量删除后的 Cronbach's Alpha 值在 0.555~0.612 之间，删除任何一项变量都不会提高设备材料因素总体的 Cronbach's Alpha 值，因此，设备材料因素量表数据具有较高的信度。

对城市公共物品安全风险影响因子技术因素测量题项进行信度分析，其分析结果如表 3-4 所示。

表 3-4　技术因素信度分析

项目	项总计相关性	项已删除的 Cronbach's Alpha 值	Cronbach's Alpha
布局科学性	0.455	0.597	
结构合理性	0.522	0.555	0.668
建设使用标准完整性	0.364	0.653	
使用难易性	0.462	0.593	

从系统导出的数据可以看出，技术因素的 Cronbach's Alpha 值为 0.668，且所属的 3 个变量与量表总计相关值在 0.364~0.522 之间，均大于 0.2 的标准，且每个变量删除后的 Cronbach's Alpha 值在 0.555~0.653 之间，删除任何一项变量都不会提高技术因素总体的 Cronbach's Alpha 值，因此，技术因素量表数据具有较高的信度。

对城市公共物品安全风险影响因子环境因素测量题项进行信度分析，其分析结果如表 3-5 所示。

表 3-5 环境因素信度分析

项目	项总计相关性	项已删除的 Cronbach's Alpha 值	Cronbach's Alpha
自然气候风险性	0.215	0.596	
地貌地质复杂性	0.275	0.689	
社会事业发展水平	0.252	0.700	
风险关联传导性	0.275	0.688	0.732
人为主观损伤性	0.407	0.632	
主体功能协调性	0.310	0.475	
管理制度完善性	0.380	0.651	

从系统导出的数据可以看出，技术因素的 Cronbach's Alpha 值为 0.732，且所属的 3 个变量与量表总计相关值在 0.215~0.407 之间，均大于 0.2 的标准，且每个变量删除后的 Cronbach's Alpha 值在 0.475~0.700 之间，删除任何一项变量都不会提高环境因素总体的 Cronbach's Alpha 值，因此，环境因素量表数据具有较高的信度。

② 效度检验

在进行验证假设前，需对测量量表的有效性进行检验，即进行效度分析。研究效度主要包括内容效度和结构效度，内容效度指量表的测量内容或题项的代表性和适当性，结构效度则指量表能够测量出理论的结构和特质的程度。由于本书的测量题项是在借鉴前人成熟量表的基础上设计的，并经专家指导进行了调整与修改，故具有较高内容效度。检验结构效度最常用的方法是利用因子分析进行验证，主要用累计贡献率、共同度和因子负荷等指标进行评价。本书采用因子分析对问卷的效度进行评价。

在进行因子分析的过程中，进行因子适宜性检验。使用因子分析的前提是变量之间具有较强相关关系，其检验依据 KMO 检验和 Bartlett 球形检验来进行判断。常用的 KMO 度量标准：0.9 以上表示非常适合，0.7~0.9 表示适合，0.6~0.7 表示不太适合，0.5以下表示极不适合。在Bartlett球度检验时，观测变量的相应概率要低于显著性水平，能拒绝零检验假设，则表示适合做因子分析。本书关于结构效度的检验连同因子分析在具体分析中一并列出，不再做单独分析。

3.3.2 因子分析及结论

（1）人员因素因子分析

运用SPSS软件对数据进行因子分析检验人员因素数据效度，得到如表3-6计算结果，通过表3-6中人员因素KMO检验和Bartlett球形检验可知：KMO值为0.760>0.7，表示适合做因次分析；Bartlett检验值为57.496，自由度（df）为16，显著性概率（Sig.）为0.006，小于1%，表示达到了显著性水平，适合做因子分析。

表3-6　人员因素KMO检验和Bartlett球形检验

取样足够度的Kaiser-Meyer-Olkin度量		0.760
Bartlett的球形检验	近似卡方	57.469
	df	16
	Sig.	0.006

人员因素样本数据经3次迭代旋转后，最终提取2个公因子，解释总方差88.133%（见表3-7）。

表3-7　人员因素总方差

成分	初始特征值			提取平方和载入			旋转平方和载入		
	合计	方差贡献率/%	累积方差贡献率/%	合计	方差贡献率/%	累积方差贡献率/%	合计	方差贡献率/%	累积方差贡献率/%
1	1.370	45.667	45.667	1.370	45.667	45.660	1.238	41.275	41.275
2	1.274	42.467	88.133	0.874	42.467	88.133	1.406	46.858	88.133
3	0.356	11.867	100.000						

提取方法：主成分分析。

人员因素载荷见表3-8。从表3-8可以看出，人员因素可以分解为两个因子，且因子载荷均在0.75~0.99之间。管理能力与水平越高，则在城市公共物品运营维护阶段能够对公共物品领域的人员有更高效的约束,则发生风险的可能性越低,但是,管理能力水平是建立在较高的安全责任意识之上的,只有提高了管理人员的责任意识才能做到合理管理,而有提高社会公众的安全意识管理才会有效,因此可以说安全意识是城市公共物品安全风险管理的前提保障,可以将这两者统一称为意识因子。行为规范则是指城市公共物品建设期工程人员的规范合理施工能够减少物品自身缺陷,在城市公共物品运营中,公众对公共物品规范使用可以规避许多城市公共物品安全风险的发生,可以将行为规范性称为行为因子。

表 3-8 人员因素载荷

项目	成分	
	1	2
管理能力水平	0.816	0.003
安全责任意识	0.750	0.160
行为规范性	0.097	0.990

提取方法:主成分分析
旋转法:具有 Kaiser 标准化的正交旋转法。旋转在 3 次迭代后收敛。

(2)设备材料因素因子分析

运用 SPSS 软件对数据进行因子分析检验设备材料因素数据效度,得到如表 3-9 计算结果。通过表 3-9 中设备材料因素 KMO 检验和 Bartlett 球形检验可知 KMO 值为 0.755>0.7,表示适合做因次分析;Bartlett 检验值为 45.13,自由度(df)为 19,显著性概率(Sig.)为 0.001,小于 1%,表示达到了显著性水平,适合做因子分析。

表 3-9 设备材料因素 KMO 检验和 Bartlett 球形检验

取样足够度的 Kaiser-Meyer-Olkin 度量		0.755
Bartlett 的球形检验	近似卡方	45.13
	df	19
	Sig.	0.001

设备材料因素样本数据经 3 次迭代旋转后,最终提取 2 个公因子,解释总方差 72.691%,设备材料因素总方差如表 3-10 所示。设备材料因素旋转后的因子载荷矩阵如表 3-11 所示。

表 3-10 设备材料因素总方差

成分	初始特征值			提取平方和载入			旋转平方和载入		
	合计	方差贡献率/%	累积方差贡献率/%	合计	方差贡献率/%	累积方差贡献率/%	合计	方差贡献率/%	累积方差贡献率/%
1	1.265	42.175	42.175	1.265	42.175	42.175	1.122	37.411	37.411
2	0.915	30.515	72.691	0.915	30.515	72.691	1.058	35.279	72.691
3	0.819	27.309	100.000						

提取方法：主成分分析。

表 3-11 设备材料因素载荷

项目	成分	
	1	2
材料品质差	0.889	−0.090
物品过度使用	0.577	0.226
自然磨损性	0.007	0.932

提取方法：主成分。

旋转法：具有 Kaiser 标准化的正交旋转法。旋转在 3 次迭代后收敛。

表 3-11 数据表明，在设备材料因素中各因子的因子荷载在 0.577～0.932 之间，并且每个因子在其他维度中的荷载都很小，因子的聚敛度较好，因此可将设备影响因素划分为两类因子。一类可以称为质量因子，包括材料品质差和物品过度使用两个变量。组成城市公共物品的材料品质决定了城市公共物品的品质，一旦材料出现问题，公共物品的功能性便会得到削弱，从而其可承载能力会相应地下降，此时，即使按正常标准使用的公共物品可能已经呈现相对过度使用的状态，长此以往，公共物品内部损耗加快，从而隐含了风险。随着现阶段城市化进程的加快，城市公共物品需求的增长与城市人口的增多相伴而生，这就使城市公共物品长期处于超负荷运转状态，增大了城市公共物品的安全隐患。

另一类可以称为损耗因子，其更多地突出了城市公共物品在自然状态和正常施工情况下的一种功能的衰减。功能的衰减带来的某些功能的缺位，势必会带来城市公共物品安全事故，但这种风险因素虽然是不可避免的，但是可以规避的，定期的公共物品维保工作正是起到了规避此类风险的作用。

（3）技术因素因子分析

检验技术因素数据效度，得到如表 3-12 计算结果。通过表 3-12 中技术因素

KMO 检验和 Bartlett 球形检验可知 KMO 值为 0.798>0.7，表示适合做因子分析；Bartlett 检验值为 45.13，自由度（df）为 23，显著性概率（Sig.）为 0.001，小于 1%，表示达到了显著性水平，适合做因子分析（表 3-12）。

表 3-12 技术因素 KMO 检验和 Bartlett 球形检验

取样足够度的 Kaiser-Meyer-Olkin 度量		0.798
Bartlett 的球形检验	近似卡方	50.865
	df	23
	Sig.	0.000

技术因素样本经过 3 次迭代旋转后，最终提取 2 个公因子，解释总方差 70.958%如表 3-13 所示。旋转后的因子载荷如表 3-14 所示。

表 3-13 技术因素总方差

成分	初始特征值			提取平方和载入			旋转平方和载入		
	合计	方差贡献率/%	累积方差贡献率/%	合计	方差贡献率/%	累积方差贡献率/%	合计	方差贡献率/%	累积方差贡献率/%
1	2.014	50.357	50.357	2.014	50.357	50.357	1.548	38.691	38.691
2	0.824	20.601	70.958	0.824	20.601	70.958	1.291	32.266	70.958
3	0.646	16.158	87.115						
4	0.515	12.885	100.000						

提取方法：主成分分析。

表 3-14 技术因素旋转后的因子载荷

项目	成分	
	1	2
使用难易性	0.853	0.104
结构合理性	0.806	0.230
使用标准完整性	0.055	0.911
布局科学性	0.208	0.630

提取方法：主成分。
旋转法：具有 Kaiser 标准化的正交旋转法。
旋转在 3 次迭代后收敛。

由表 3-14 所示数据可知，在技术因素中各因子的因子载荷在 0.630~0.911 之间，且每个因子在其他维度中的载荷较小，因子聚敛度较好，分析可将变量划分为两类因子：一类可以称为结构因子，包括使用难易性和结构合理性两个变量。对于城市公共物品而言，结构设计合理性至关重要，一方面因为公共物品内部结构决定了其功能可靠性，及其抗外界干扰的能力，另一方面公共物品结构的设计与其使用的难易性密切相关，一旦结构设计的不合理可能会影响到使用的难易性和危机出现时救援工作的开展，从而影响城市公共物品的安全。

另一类可以称为规划因子，城市公共物品的布局影响着其使用频率与管理水平，当公共物品因布局不合理造成物品的错误"放置"时，可能会造成供给失衡、公共秩序紊乱等状况，可能会因此带来社会公共心理不平衡进而引发公共安全事件；公共物品的使用标准也同样属于规划内容，公共物品的建设与使用及应急事件的应对等不是出现以后再学习如何使用的，而是在投入建设之前对即将建设的公共物品如何建设、各关键节点的施工工艺如何、适用对象有哪些、每类适用对象需要如何操作、会遇到哪些难题及这些难题如何解决都需要在建设前期编制好，只有完善的使用标准做支撑，才会减少因盲目无知等原因造成的城市公共物品安全风险。

（4）环境因素因子分析

检验环境因素数据效度，得到如表 3-15 计算结果。通过表 3-15 中环境因素 KMO 检验和 Bartlett 球形检验可知：KMO 值为 0.722>0.7，表示适合做因次分析；Bartlett 检验值为 45.13，自由度（df）为 21，显著性概率（Sig.）为 0.001，小于 1%，表示达到了显著性水平，适合做因子分析（表 3-15）。

表 3-15　环境因素 KMO 检验和 Bartlett 球形检验

取样足够度的 Kaiser-Meyer-Olkin 度量		0.722
Bartlett 的球形检验	近似卡方	47.710
	df	21
	Sig.	0.001

环境因素样本经过 4 次旋转后，最终提取 3 个公因子，解释总方差 74.943%如表 3-16 所示。环境因素旋转后的因子载荷矩阵如表 3-17 所示。

表 3-16 环境因素总方差

成分	初始特征值			提取平方和载入			旋转平方和载入		
	合计	方差贡献率/%	累积方差贡献率/%	合计	方差贡献率/%	累积方差贡献率/%	合计	方差贡献率/%	累积方差贡献率/%
1	3.108	44.4	44.4	3.108	44.4	44.4	2.806	40.086	40.086
2	1.084	15.486	59.886	1.084	15.486	59.886	1.383	19.757	59.843
3	1.054	15.057	74.943	1.054	15.057	74.943	1.057	15.100	74.943
4	0.689	9.843	84.786						
5	0.597	8.528	93.314						
6	0.252	3.6	96.914						
7	0.216	3.086	100.000						

提取方法：主成分分析。

表 3-17 环境因素旋转后的因子载荷矩阵

项目	成分		
	1	2	3
管理制度完善性	0.752	0.064	0.149
主体功能协调性	0.748	0.160	0.038
社会事业发展水平	0.667	0.031	−0.195
自然气候风险性	0.026	0.764	0.220
地貌地质复杂性	0.082	0.755	−0.227
风险关联传导性	0.281	0.546	−0.025
人为主观损伤性	0.005	−0.011	0.946

提取方法：主成分。
旋转法：具有 Kaiser 标准化的正交旋转法。
旋转在 4 次迭代后收敛。

根据表 3-17 中数据可以发现，环境因素中的各因子的因子载荷在 0.546～0.946 之间，且每个因子的载荷在其他维度中的载荷值都相对较小，这表示因子具有较好的聚敛度与区别度，可以基于此将变量划分为三类因子。第一类因子可以命名为社会因子，主要包含管理制度完善性、主体功能协调性和社会事业发展水平。一方面城市公共事业的发展水平决定了社会的重视程度及社会的投入水平，社会的关注度更高，政府各部门给予的投入会更大，相对的制度也会更加完善；另一方面，管理制度一旦完善，治理主体的行为与工作流程便会得到规范，从而促进主体功能的协调性,进而使得社会事业发展水平更高,社会环境的和谐为城市公共物品安全运行提供了重要的政策支持与保障。

第二类因子可以称为自然因子,主要包含自然气候风险性、地貌地质复杂性和风险关联传导性。城市公共物品作为服务于全体公众的物品,多数是户外物品或者大型工程物品,这些物品长期受到外界恶劣气候的影响,自身结构变得脆弱而易损坏,并且许多公共物品还会因为恶劣气候而增加自身功能压力,如城市高压送电线会在极热的天气出现电线脱落、老化等问题,也会因为公众超荷载使用而出现线路故障,一旦出现电线线路故障便会引发许多因公众知识匮乏带来的安全风险事故,如私自搭扯电线等;并且,公共物品受地质地貌影响较大,而地质地貌的复杂性会增大城市公共物品建设期的勘测难度,遗漏掉的地质因素很可能会成为引发城市公共物品安全事故的导火索;地貌特点还会使不同的公共物品之间产生关联性,一个公共物品安全事故的发生会关联到其他公共物品的使用,如树线结构对交通的影响等。

第三类因子可以称为威胁因子,主要指人为主观损伤性。即使管理制度与安全宣传工作到位、技术水平与规划设计考虑全面,但仍然存在一些人无缘由地恶意损伤公共物品,做出恐怖威胁的事件,这类问题只能通过加强公共物品保护而降低事故损伤。

(5)主要结论

通过对 WBS-RBS 矩阵识别出的 17 个城市公共物品工作过程中的安全风险因素整理,运用因子分析将 17 个风险因子进行提取,最终提取出意识因子、行为因子、质量因子、损耗因子、结构因子、社会因子、自然因子与威胁因子。通过 WBS-RBS 分解法与因子分解法的结合,既能保持风险识别的全面性,还能降低风险分析工作量,提高预警结果的准确性。

3.4 城市公共物品安全风险识别

风险是公共物品一直存在的状态,当城市公共物品安全风险被激发而导致安全事故发生,必然是由于城市公共物品内部结构或者整个公共物品系统外部环境因素的某个诱因引起的,而这些诱因就是影响城市公共物品安全的风险因素。基于以往学者的研究，可将城市公共物品安全风险因素分为内部影响因素和外部影响因素两类，具体可见图3-3 城市公共物品安全风险影响因素分类。

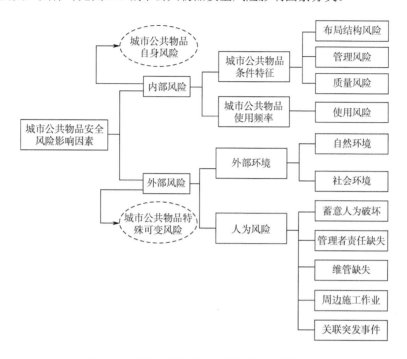

图 3-3　城市公共物品安全风险影响因素分类

3.4.1　城市公共物品安全风险识别理论

随着对城市发展规律的不断深入探索，城市公共安全风险识别日益成为城市治理中的关键一环。构筑城市公共物品安全防线对城市安全具有极为重要的意义，尤其是当今社会风险类型复杂多样，风险问题具有高度不确定性。公共物品安全风险的监测与识别是化解城市重大风险的首要要求，一个城市在公共安全治理中，如果能够做到及时识别重大风险，第一时间做出有效性回响及反馈，采取相关预防措施，做到"早识别、早报告、早预防"，就能有效将公共物品风险问题带来的损失降到最低，构建全方位、立体化的风险防控体系。

风险管理的首要基础就是风险识别，只有在对城市公共物品安全风险进行正确、精准识别，相关政府部门才能主动做出对应的决策，选择适当有效的方法进行处理。通过对公共物品的环境风险、市场风险、技术风险及生产风险等进行识别，进而为更好地监测诊断公共物品奠定良好的基础。城市要在遵循全面周详、综合考察、科学决策的原则基础上，利用政策或措施降低城市公共物品安全风险。城市公共物品安全风险识别的目的就是为城市公共安全风险管理提供前提条件和决策依据，以保证社会组织、社区以及民众等多元主体以最低的支出成本获得最大的安全保障，减少风险损失。

如今，在风险社会中，对城市风险预测是具有很大的不确定性的，因为识别风险除了要具备社会和人为特性，还要遵循一定的认知维度规律[134]。城市公共物品风险的发生具有共时性与普遍性的特点，是可以被人类认知和理解的，城市公共物品安全风险是否存在，风险程度是怎样的，这些都离不开人们的分析与理解。城市公共物品安全风险一旦出现，城市治理者必须要及时面对这种风险，发挥危机处理能力、资源配置能力和科学决策能力，积极调动社会力量，增强社会公众的风险意识和公共安全意识[135]。城市是一个开放性的系统，功能具有多样性，风险源的存在具有复杂性，对公共物品安全风险的防御及抵御能力已经成为城市发展中必须要重点考虑的问题。在经济快速发展、人口不断增长的复杂背景下，影响城市公共物品安全的要素持续增加，必须对城市公共物品安全给予高度重视，想要打造一个安全、安心的城市，就必须保证城市公共物品的实质性功能，为社会公众创造舒适、良好、健康的生活空间[136]。

3.4.2　城市公共物品内部安全风险识别

城市公共物品内部安全风险主要对于公共物品自身结构因素导致的城市公共物品的不稳定性，这种不稳定性主要表现为公共物品系统的脆弱性。城市公共物品安全风险的内部风险主要包括城市公共物品条件特征与城市公共物品使用频率两方面。其中城市公共物品条件特征方面的风险包括布局结构风险、管理风险和质量风险；城市公共物品使用频率方面的风险主要是使用风险。

（1）布局结构风险

城市公共物品是指为满足城市公众公共需求（生产和生活）和公共空间选择的各种公共性、服务性物品，有许多城市公共物品结构复杂且工程量大，一旦建设了就不易更改，其中路网、市政燃气与供水管道等大型公共物品工程在建设过程中，更是要根据实际地形和周围环境的需要来进行设计，因此城市公共物品的自身结构、物品布局以及设备选型一旦在设计环节出现不合理现象，后期运营出现安全风险的可能性也会增大。

一方面，城市公共物品面对的受众是公众，因此，其结构设计参数要考虑到多数人特征，并且要注意对弱势群体的保护，小至街道护栏的高度，大到高铁信息传递系统的设计，每一个环节的设计都要有精确的设计规范要求，且随着信息化的发展，技术掌握在越来越少的人手中，而技术的使用者却越来越大众化，这就要求城市公共物品在利用高新技术的同时，要保证公共物品内部解构安全及操作使用的简易。

另一方面，城市公共物品的一次性特征决定了城市公共物品建设规划的重要性，在前期布局中既要考虑城市公共物品供给的均等化，又要考虑城市公共物品供给结构与城市发展结构相一致，实现城市公共物品的差异化供给，并且公共物品布局还要将城市发展的未来趋势纳入重要的决策评定依据中，从而防止公共物品运营过程中因布局不合理而引发的"资源争夺"式的安全风险。如在解决共享单车带来的车辆乱停、用户在机动车道行驶等安全风险问题时，许多城市靠大量建设停车点与拓宽非机动车道的形式阻止了势态的进一步发展，但是，近期许多共享单车退出市场引发了停车点空置、交通道路拥堵等新的公共物品安全隐患[137]。

在城市公共物品差异化供给时，尤其要注意公共物品建设过程中设备的选型，要依据群体特征与供给目的，对公共物品设备型号进行适当调整，不能盲目地追求"越贵越大越高科技就越好"，这样不仅造成资源的浪费，也会因为与实际情况的不匹配使城市公共物品隐含安全风险。

（2）管理风险

城市公共物品在前期的规划与建设中，监督管理工作对于保证公共物品内部结构的合理安全及安全风险的控制尤为重要。城市公共物品施工过程中的各项监督与安全管理工作一定要通过对建设生产要素过程控制，加大对技术要素的制约、对隐蔽工程的安全排查、对城市公共物品内部联系的再审查，以期在建设初期减少公共物品自身结构带来的安全风险。高水平的早期系统内部结构控制与风险预防可以有效地降低城市公共物品领域突发事件扰动所造成的损失，系统结构设计越合理，脆弱性越低。

（3）质量风险

城市公共物品质量状况的好坏主要是指公共物品的损坏、可承载力、功能满意度及结构强度等。城市公共物品长时间地被使用会出现磨损、破坏等现象，这使得城市公共物品的质量状况变差，尤其是在人流量或使用频率高的地方，破损的城市公共物品更新较慢，容易因公共物品的破损引发城市突发安全事故。每一类公共物品都有其可承载的能力，一旦超过了其可承载的范围，便会引发公共物品质量的急速下降，极易引发城市公共物品安全风险事故。

功能满意度是指各城市公共物品满足行业规定、组织惯例及社会需求及期望的程度，而公众对城市公共物品的动态、发展且相对的质量需求，要求在城市公共物品建设过程中定期对质量进行评审，按照各地区变化的需要和期望，相应地改进城市公共物品供给内容、方式与设备的质量，确保持续地满足公众的需求，从而减少因质量不合格而引发的公共伤害事件。城市公共物品的结构强度则是从公共物品内部决定了城市公共物品的特性，一旦内部结构强度发生变化，则城市公共物品的脆弱性便会发生变化，不同结构的城市公共物品抗击外界扰动的应对力不同，这些都属于技术范畴的质量问题，因此城市公共物品的结构强度也是影响城市公共物品质量的重要因素。

公众对城市公共物品的质量需求并不是越高越好，满足基本需求并保证安全运营是城市公共物品供给的基本条件，只有满足基本需求的城市公共物品在面对外界扰动时才能变现出其最好的弹性与恢复力，可见质量状况是影响城市公共物品质量状况的重要影响因素。

（4）使用风险

城市公共物品的使用频率是指在一定时间内公众使用该公共物品的次数，它反映了公众对该公共物品的需求状况与满意度，且常常具有周期性，而城市公共物品的使用频率也间接地影响着城市公共物品的安全，成为城市公共物品内部安全风险因素。

一方面，对于使用频率偏低的城市公共物品常常会在后期的运营维管阶段被忽视，当其出现设备技术等方面的安全隐患时不能及时被发现，这样极易引发安全事故。如在公共场所残疾人通道较普通电梯而言使用率非常低，但确是公共场所必备的物品，在实际使用中常常出现因使用人数较少而被普通人占用，从而影响残疾人正常使用的现象，以及因使用人数较少、出现故障的概率较低而忽略了日常维管等现象，这种现象会导致一旦发生事故，对受害人造成更大的损伤。

另一方面，对于使用频率偏高的城市公共物品容易出现更大的安全隐患，首先，使用频率过高的城市公共物品将要承受较大的压力，而长期高负荷运转的城市公共物品必然更易出现设备、技术、管理等各层面的问题，且高频率工作下的城市公共物品报废、老化、更新的周期更短，而一般公共物品的更新替换都是按照领域划分周期的，这样就会使高频率使用的城市公共物品隐藏更大的安全隐患。并且，城市公共物品虽然是脆弱性的但也是具有弹性的，在公共物品出现安全隐患的初期可以依靠自身的抗干扰能力抵抗外界扰动，但是，在使用频率较高的城市公共物品领域，这种应对力则会大大减弱，一旦出现安全隐患极易引发公共伤害事故，因此，使用频率偏高的公共物品领域脆弱性更强。其次，在使用频率较高的城市公共物品领域，发生安全伤害事故后，一旦需求得不到满足则会使伤害事故难以得到控制，这也会增大城市公共物品安全风险因素。最后，城市公共物品安全事故发生后，需要一定的时间事后恢复，而对于使用频率较高的领域，由于大量的"需求堆积"，使得事后恢复的时间拉长，在较长的事后恢复期内也会增加伤害事故，再次发生的风险，因此，城市公共物品的使用频率是城市公共物品内部主要的风险因素。

3.4.3 城市公共物品外部安全风险识别

城市公共物品外部风险按照风险源的不同可以分为环境风险与外力风险，其中环境风险包括自然环境风险与社会环境风险，而外力风险分为直接人为风险与关联物品传导风险。

（1）自然环境风险

自然环境是指一时难以改变的、各种自然因素提供的外界环境，它对城市公共物品的安全运营有着重大的影响。首先，城市公共物品多数为露天建设，有些市内公共物品的使用频率也会因为气候条件的变化发生很大的改变，而大风、暴雨、暴雪、冰冻灾害、大雾天气等恶劣气候条件更是为城市公共物品的安全造成很大的威胁，如输电线的材质在恶劣气候易出现断落造成大面积停电、公众触电等安全事故；市政供水管道易受极寒气候的影响出现管道炸裂等危险因素。地铁、公路等对恶劣气候条件更是敏感，恶劣气候一旦出现，安全风险便会激增。其次，随着经济的发展，社会的安全运行也越来越依赖供电、水、油、通信等生命线工程，这些生命线工程在城市公共物品中存在很大比重，路网工程与地下工程都容易或多或少受到地质灾害的影响，因此地质灾害是影响城市公共物品安全的重要自然环境因素。

与"树线矛盾"相类似的各种公共物品之间的相互影响，也是引发城市公共物品安全事故的重要因素。公共物品建设工程应注重"交互设计"的理念运用，如轨道交通控制保护区内应避免建设公共物品[138]；注意高压电线下不能种植树木、修建休息亭等公共物品；地下市政管道也应绕开树木等，防止树木根系对管道造成伤害；多种公共物品要分散建设，避免人流量过大带来更大的安全伤害事故。由此可见，恶劣的天气、地质灾害以及公共物品周边的物品环境都是影响城市公共物品安全风险的重要因素。

（2）社会环境风险

社会环境的影响是指由于社会人文环境的变化对城市公共物品及行为人的影响，从而给城市公共物品及公众带来损失或伤害的可能性。城市公共物品领域的社会环境含义比较广泛，包括社会政治环境、技术环境、经济环境、社会风气等，这些因素都不同程度地影响着城市公共物品的安全。

首先，公共物品作为服务于公众的公共产品，其建设与管理的主导力量依然是政府，因此国家法律政策的改变直接影响着政府公共物品的重视程度，从而影响着该公共物品的质量与承载力，政府的关注及法律法规是城市公共物品安全发展的后盾与保护力量，影响着公共物品的安全状况。其次，社会技术的发展也会对城市公共物品安全产生影响，技术的进步必须跟上或者超越社会的发展才能够适应日趋增长的公众需求，一旦公众需求得不到满足则会引发"资源争夺"，从而带来公共物品安全事故。伴随着经济的快速发展社会竞争也逐渐激烈，公众的生活压力随之加大，从而引发一系列公共物品伤害事件。最后，社会整体对安全的重视以及公众安全知识水平是影响城市公共物品安全的另一社会因素。公众通过各种渠道方式接受了公共物品安全知识宣传，但仍然存在许多公众由于不科学使用引发公共物品伤害事件，加上公众对公共物品安全事故的应急处置知识比较匮乏，一旦公共物品事故发生，公众不及时应对或者采取错误的应对方式可能会加剧安全风险扩大扩散，发生二次灾害和次生灾害。在公共物品领域，参与供给运营和管控的政府、企业主体更多重视前期的建设，后期的运营管理环节薄弱，甚至出现为了降低运营管理成本而弱化人员技能素质培训和专业化能力提升，使得公共物品由于相关主体管理人员知识和技能匮乏造成人为的安全风险隐患。

（3）直接人为风险

在城市公共物品安全领域，影响其安全的人为因素既包括公众出于报复、利益需求的蓄意破坏，政府责任缺失行为，还包括由于政府维管缺失或外界施工等间接人为因素。现阶段，城市公共物品安全治理模式正在实现由政府"单一供给"向"政府主导，多元参与"转变，原有的法律、制度难以适应快速变化的公共物品系统风险治理结构，在城市公共物品运营阶段则会出现由于维护不及时、管理不到位、监督不严格等原因造成城市公共物品安全风险加大。另外，城市公共物品在运营过程中难以避免外界环境的应力干扰，尤其是其他项目的作业活动会影响城市公共物品的安全，外界干扰因素的增多会加大城市公共物品安全风险。如市政供气、供水管道较易受到道路施工、光纤铺设等外界施工影响，一旦出现燃气或供水泄漏，极易引发公共安全事故。

（4）关联物品传导风险

城市公共物品的系统性较强及现阶段城市功能的整体性增强，使得当城市公共物品发生大型安全事故就会引发许多复杂的连锁反应，对关联的公共物品及周围的人群产生影响，导致更巨大的灾害。城市公共物品受外界环境因素影响较大，多变的自然环境、复杂的公众认知变化以及社会利益诉求的转换都会使得单一的公共物品安全伤害事件向复杂关联的灾害链转变，1906美国旧金山地震中因火炉翻倒引起大火致使供水系统破坏，火势无法控制，大火持续三天三夜，10平方千米的市区化为灰烬。一系列事实证明次生灾害是构成城市公共物品安全事件的不可忽略的风险因素，路灯损坏会关系到道路安全，道路故障又会引发因拥挤带来其他事故灾害。减少关联事件发生的关键是注意危险事件的及时处理与应急预案，注重探究公共物品受风险因素影响的结构性因素，强调公共物品安全治理的系统性、长效性和综合性，也更加尊重城市公共安全系统的演变规律，基于"因由（脆弱性）—防控（韧性）—治理（风险规避）"消弭城市公共物品安全风险危机，提高系统自我调适恢复水平。

3.5 基于解释结构模型（ISM）的城市公共物品安全风险分析

解释结构模型（interpretation structural model，ISM）是指借助实践经验、专业知识及数学模型的帮助，将复杂的系统问题转化为直观的结构层次的模型。它是1973年美国系统工程理论学家J. N. 沃菲尔德教授用于分析复杂的社会经济系统结构问题而开发的，其基本思想就是利用矩阵、有向图、计算机技术，对问题要素及要素间的相互关系等信息进行处理，在系统中建立问题的递阶结构模型，最后用文字加以解释说明。

ISM 以定性分析为主，属于结构模型，它可以把模糊不清的思想转化为直观的具有良好结构关系的模型，有助于认识和分析各因素之间的结构，并从中准确辨识解决问题的关键因素，特别适用于变量众多、关系复杂且结构不清晰的系统分析，也可用于方案的排序等，目前在社会、经济、交通、建筑、能源等多领域都有较为广泛的应用。该模型可以根据研究进展不断地补充资料，从而保证模型的严谨性，增强了结论的说服力。因此，可以利用解释结构模型来分析城市公共物品安全风险因素之间的层次关系，找出城市公共物品安全风险最直接和最根本的影响因素。

3.5.1　城市公共物品多维安全风险解释结构模型构建

按照 ISM 的工作程序，本研究首先组成了由 13 位专家学者和 2 位高层管理者构成的 ISM 实施小组，其中 11 位为来自高校公共物品安全治理领域研究的专家，2 位为高校从事公共物品安全领域研究的学者，2 位为来自公共物品供应、管理等单位的高层管理者。为了较为方便地构建模型，将城市公共物品安全风险识别后的各风险影响因素拆分为如下几个因素：公共物品布局结构、维护管理水平、质量状况、使用频率、恶劣气候的严重程度与影响范围、地质灾害的严重程度与影响范围、法规政策的约束程度、技术水平的高低、公众安全意识程度、蓄意的认为破坏、管理者责任意识缺失、维管缺失、周边施工作业影响、关联公共物品伤害事件的发生，按照顺序分别命名为 S_1、S_2、S_3、S_4、S_5、S_6、S_7、S_8、S_9、S_{10}、S_{11}、S_{12}、S_{13}、S_{14}。运用问卷的形式由各专家确定各因素间的相互关系，当专家间的意见存在较大差异时，小组成员通过研讨会形式就因素之间的影响展开讨论，从而确定各因素间的相互关系，并根据各相关因素之间的相互关系生成邻接矩阵。

（1）生成邻接矩阵 A

在确定各类风险的风险因素之间的两两关系时，按照以下规则确定各因素间的关系：若 S_i 对 S_j 有直接影响，则矩阵 A 中功能模板的相互关系 a_{ij} 取值为 1，若没有直接影响则取值为 0；若 S_j 对 S_i 有直接影响则 a_{ji} 取值为 1，若没有影响则取值为 0；如 S_i 和 S_j 之间相互影响，则 a_{ij} 和 a_{ji} 都赋值为 1，但当相互影响程度相差较大时，则影响较大的取值为 1，偏小的取值为 0。根据对调研数据可得邻接矩阵 A（见表 3-18）。

表 3-18　邻接矩阵 A

因素	S_1	S_2	S_3	S_4	S_5	S_6	S_7	S_8	S_9	S_{10}	S_{11}	S_{12}	S_{13}	S_{14}
S_1	0	0	0	1	0	0	0	0	0	0	0	0	0	0
S_2	0	0	0	0	0	0	0	0	0	0	0	1	0	0
S_3	0	0	0	1	0	0	0	0	0	0	0	0	0	0
S_4	0	0	1	0	0	0	0	0	0	0	0	0	0	0
S_5	0	0	0	1	0	0	0	0	0	0	0	0	1	0
S_6	1	0	0	0	0	0	0	0	0	0	0	0	1	0
S_7	0	1	0	0	0	0	0	0	0	0	1	0	0	0
S_8	0	0	1	0	0	0	0	0	0	0	0	0	0	0
S_9	0	0	0	0	0	0	0	0	0	1	0	0	0	0
S_{10}	0	0	0	0	0	1	0	0	0	0	0	0	0	0
S_{11}	0	1	0	0	0	0	0	0	0	0	0	1	0	0
S_{12}	0	1	0	0	0	0	0	0	0	0	0	0	0	0
S_{13}	1	0	0	0	0	0	0	0	0	0	0	0	0	0
S_{14}	0	0	0	1	0	0	0	0	1	0	0	0	0	0

（2）求可达矩阵

在 ISM 模型中，可达矩阵用于表示在矩阵中两元素间的二元关系，表示两元素之间可以通过某路径到达。基于布尔代数运算方法在得到邻接矩阵 A 后，进而可得到矩阵 A 与单位矩阵 I，并求出 $A+I$。对 $A+I$ 做幂运算，另 $A_n=(A+I)^n$ 直到：

$$M=(A+I)^{n+1}=(A+I)^n\neq\cdots(A+I)^2\neq(A+I)$$

得到的矩阵 M 即可达矩阵，在可达矩阵 M 中功能模板的相互关系 m_{ij} 为 1，则表示因素 S_i 到因素 S_j 存在可到达路径，即 S_i 对 S_j 有影响。但这种影响可能是直接的，也可能是间接的，可以看出可达矩阵不仅能反映因素间的直接关系，还能反映因素间的间接关系。通过对城市公共物品安全风险组成的可达矩阵的布尔代数运算，可得到可达矩阵 M（见表 3-19）。

表 3-19 可达矩阵 M

因素	S₁	S₂	S₃	S₄	S₅	S₆	S₇	S₈	S₉	S₁₀	S₁₁	S₁₂	S₁₃	S₁₄
S₁	1	0	1	1	0	0	0	0	0	0	0	0	1	0
S₂	0	1	0	0	0	0	0	0	0	0	0	1	0	0
S₃	1	0	1	1	0	0	0	0	0	0	0	0	1	0
S₄	1	0	1	1	0	0	0	0	0	0	0	0	1	0
S₅	1	0	1	1	1	0	0	0	0	0	0	0	1	0
S₆	1	1	1	1	0	1	0	0	0	0	0	1	1	0
S₇	0	1	0	0	0	0	1	0	0	0	0	1	0	0
S₈	1	0	1	1	0	0	0	1	0	0	0	0	1	0
S₉	0	1	0	0	0	0	1	0	1	1	0	1	0	0
S₁₀	0	1	0	0	0	1	0	0	1	1	0	1	0	0
S₁₁	0	1	0	0	0	0	0	0	0	0	1	1	0	0
S₁₂	0	1	0	0	0	0	0	0	0	0	0	1	0	0
S₁₃	1	0	1	1	0	0	0	0	0	0	0	0	1	0
S₁₄	1	1	1	1	0	0	0	1	1	1	0	1	1	1

在可达矩阵 M 中，S_3 和 S_4 行与列对应的元素完全一样，而 S_2 和 S_{12} 的行与列对应元素也完全相同，因此可以将 S_3 和 S_4 看作同一个元素，保留 S_3 去掉 S_4，把 S_2 和 S_{12} 也看作同一个元素，保留 S_2 去掉 S_{12}，得到缩减的可达矩阵 M'（见表 3-20）。

表 3-20 缩减的可达矩阵 M'

因素	S₁	S₂	S₃	S₅	S₆	S₇	S₈	S₉	S₁₀	S₁₁	S₁₃	S₁₄
S₁	1	0	1	0	0	0	0	0	0	0	1	0
S₂	0	1	0	0	0	0	0	0	0	0	0	0
S₃	0	0	1	0	0	0	0	0	0	0	0	0
S₅	1	0	1	1	0	0	0	0	0	0	1	0
S₆	1	1	1	0	1	0	0	0	0	0	1	0
S₇	0	1	0	0	0	1	0	0	0	0	0	0
S₈	0	0	1	0	0	0	1	0	0	0	0	0
S₉	0	1	0	0	0	1	0	1	1	0	0	0

续表

因素	S_1	S_2	S_3	S_5	S_6	S_7	S_8	S_9	S_{10}	S_{11}	S_{13}	S_{14}
S_{10}	0	1	0	0	0	1	0	0	1	0	0	0
S_{11}	0	1	0	0	0	1	0	0	0	1	0	0
S_{13}	1	0	1	0	0	0	0	0	0	0	1	0

（3）可达矩阵层次化处理并生成解释结构模型

将缩减的可达矩阵 M' 按照元素中"1"值的多少进行由少到多的排列，然后调整缩减矩阵的行和列，使得矩阵中元素从左上角到右下角可依次分解出几个最大阶数的单位矩阵。将每个矩阵标出，从而得到对缩减后的可达矩阵 M' 层次划分后的层次化的可达矩阵 M''（见表 3-21）。

表 3-21　层次化的可达矩阵

因素	S_2、S_{12}	S_3、S_4	S_1	S_7	S_8	S_{10}	S_{11}	S_{13}	S_5	S_6	S_9	S_{14}
S_2、S_{12}	1	0	0	0	0	0	0	0	0	0	0	0
S_3、S_4	0	1	0	0	0	0	0	0	0	0	0	0
S_1	0	1	1	0	0	0	0	0	0	0	0	0
S_7	1	0	0	1	0	0	0	0	0	0	0	0
S_8	0	1	0	0	1	0	0	0	0	0	0	0
S_{10}	0	0	0	1	0	1	0	0	0	0	0	0
S_{11}	0	0	0	1	0	0	1	0	0	0	0	0
S_{13}	0	0	1	0	0	0	0	1	0	0	0	0
S_5	0	0	0	0	0	0	0	1	1	0	0	0
S_6	0	0	0	0	0	0	0	1	0	1	0	0
S_9	0	0	0	0	0	1	0	0	0	0	1	0
S_{14}	0	1	0	0	0	0	0	1	0	0	0	1

从层次化处理的结果中可以看出，矩阵中元素共分为四个等级，其中 S_2（含 S_{12}）与 S_3（含 S_4）为第一个层级，S_1、S_7、S_8 为第二个层级，S_{10}、S_{11}、S_{13} 为第三个等级，S_5、S_6、S_9 和 S_{14} 共同属于第四层级。将每一层级的影响因素放在同一水平放置的方框内并用有向箭头将各层级的路径标出，即可得到城市公共物品安全风险解释结构模型（见图 3-4）。

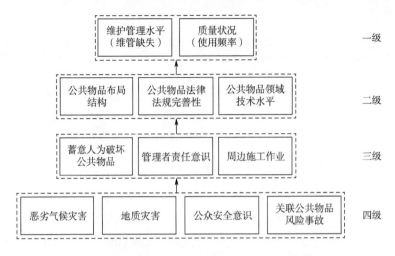

图 3-4 城市公共物品安全风险解释结构模型

3.5.2 城市公共物品多维安全风险解释结构模型分析

从城市公共物品安全风险解释结构模型图可以清晰地看出城市公共物品安全风险中各因素之间的关系，利用解释结构模型对城市公共物品安全风险进行分析，有助于更具有层次与条理化的分析城市公共物品安全风险，从城市公共物品安全风险解释结构模型图可以看出：

① 维管水平与公共物品的质量状况是影响城市公共物品安全风险的最直接最根本的因素，对应的管理风险与质量风险是城市公共物品安全风险中最容易出现的风险也是最基本的风险，应给予更多的重视。维管水平与公共物品质量状况是影响城市公共物品的内因，它的变化从根本上决定了城市公共物品安全风险事故的发生，其他因素也多从影响城市公共物品维管水平与质量状况，间接地引致城市公共物品安全风险事故。

② 公共物品布局结构、法规政策的完善与约束度及技术水平是第二层影响因素，其中公共物品的布局结构与技术水平通过影响城市公共物品的质量状况，间接地影响城市公共物品安全风险，而法规政策则通过影响城市公共物品的维护管理水平，影响城市公共物品维管风险的产生，从而带来城市公共物品安全事故，因此在城市公共物品前期规划阶段注重规划布局的合理性，并在建物品工阶段注重技术的运用，避免技术风险的产生，同时注重城市公共物品安全风险管理制度的完善，会对城市公共物品安全风险的预防起到事半功倍的效果。

③ 蓄意的人为破坏、管理者责任意识缺失及周边施工作业是第三层影响因素，它们是产生人为风险的主要因素，可见影响城市公共物品安全的根本原因不是人为风险，许多人为风险是可以通过对上一层级因素的控制得以削减的。相关法律法规的建设与管理者的责任观念意识密切相关，而周边的施工环境会对城市公共物品结构布局产生影响，这些因素是影响城市公共物品更深层次的因素。

④ 恶劣的气候灾害、地质灾害、公众的安全意识及关联公共物品风险事故影响城市公共物品安全风险的深层次影响因素，也是影响城市公共物品安全风险的最根本因素，它们决定了城市公共物品的外部环境，正是这些外部影响因素对公共物品内部影响因素的影响，最终引发了城市公共物品安全风险。因此，对恶劣的气候与地质灾害做出更准确的预测，并据此做好防护准备可以减少城市公共物品安全风险事故的发生；加强对公众的安全知识教育，对已经发生的城市公共物品事故做出及时的应急处理，并做好防止事故扩散的预警准备是行之有效的减少城市公共物品安全风险的策略。

第 4 章

城市公共物品安全风险治理创新体系

4.1 基于韧性和脆弱性的城市公共物品风险治理能力基础

从公共物品风险治理的现实状况来看，推动治理模式的创新发展，要在公共物品风险治理领域促进"脆弱性-韧性"共进的新格局，然而，实践中仍面临众多的困难与矛盾，既有韧性治理方面，也有脆弱性治理方面，还有二者协同共进治理方面。

4.1.1 城市公共物品安全风险治理的韧性治理能力

从公共物品风险治理领域来看，尽管公共物品对灾害防御的能力逐渐增强，政府不断增加经济和技术投入，但是，公共物品脆弱性日渐凸显，2005 年在美国的卡特里娜飓风造成的防洪堤决堤，使经济损失 750 亿美元。常规的防灾减灾救灾理念已经不能有效地应对公共物品风险事件，韧性治理逐渐成为化解公共物品灾害的创新理念。韧性治理是公共物品风险治理领域的创新治理范式，按照公共物品风险治理的传统治理思维模式，韧性治理应该结合公共物品的结构功能特征，构建多维度的网络模型以分散风险,并推动公共物品的功能多样性、冗余性和适应性。

公共物品风险治理中,韧性治理强调通过适应力和恢复力来化解风险,使公共物品在灾害过后仍能恢复到原有的功能结构,通过适应学习能力,提高公共物品风险治理的应对能力。因此,韧性治理是推动公共物品风险治理的重要方式,进而也证实了韧性治理逐步与公共物品风险治理的脆弱性治理等方式融合。公共物品在面对不确定的灾害时,针对风险治理的公式化常态,通常依赖以往的经验或静态的标准公式。这就从一个对立的角度证实,韧性治理尚未改变公共物品风险治理的基本范式,针对风险预测、灾害隐患、潜在损失等精细化治理能力,向公共物品风险的韧性治理提出新的挑战。

4.1.2 城市公共物品安全风险治理的脆弱性治理能力

伴随着韧性治理优势的逐渐凸显,将会带来诸多困局,一方面,这将会促进韧性治理利用自身的创新理念,发挥创新优势转变为新兴技术能力,使得新兴技术进一步转化为创新理论的阻滞因素,相对不成熟的技术长期发展会导致公共物品风险整体治理能力的下降;另一方面,与脆弱性治理比较,韧性治理利用自身的创新范式来维持其在风险链中的优越性,又因为公共物品风险的不可预测、不确定性等因素,抑制了风险链中常态的脆弱性治理能力的发挥。因此,公共物品风险治理能力的提升举步维艰,不利于韧性治理与脆弱性治理之间的自由切换,以及不利于促进公共物品风险治理模式的转型升级。

(1)脆弱性治理方式区别于韧性治理的组织学习能力

在公共物品风险治理中,脆弱性治理方式中的抵抗能力在风险治理中主要识别公共物品比较脆弱的环节、评估空间环境与经济、分析不确定性前景等。对比来看,韧性治理的组织学习能力关注从已发生灾害中"转换-学习",提高公共物品应对风险的缓冲力和承受力。面对多样性的治理方式与政策形势,二者依旧存在很大的差别,韧性治理的组织学习能力特性更能促成公共物品系统快速适应持续变化的空间环境。

(2)脆弱性治理的明确性与韧性治理视角的模糊性

脆弱性治理的明确性比韧性治理视角的模糊性相对较强,具备可操作性的范式与行动方式。在公共物品风险治理中,非政府组织通常采用包容性的措施来重构公共物品风险治理结构，来增强公共物品应对风险的凝聚力。目前，韧性治理的应用尚未形成一个准确、精细化的模式，只是作为新兴的理论术语被广泛运用，在实践中常常与相似的概念混淆或被嵌入。相比较而言，脆弱性已经纳入公共物品安全规划协作行动，建立了比较全面的政府管理体制机制。这就表明，二者的差距仍旧突出，若不加以控制，将会呈现扩大化态势。

（3）公共物品风险识别不清

公共物品风险识别不清是指具有韧性的部分公共物品，遮蔽了仍具脆弱性的公共物品。在公共物品风险治理中，韧性治理和脆弱性治理并非不可保持"共进"的一致步调，但由于风险点识别不清，具有韧性的公共物品受灾后，却得到了更多的资源补偿，相对脆弱的公共物品即使得到了很小的资源补偿，却因为寄希望于将来的更多支持，而选择"沉默"，更甚者，具有韧性的公共物品夸大了自身灾害严重性进而获取更多援助。因此，公共物品的风险治理与治理方式无关，治理的效果取决于受益者的素质形态是否影响风险识别。

（4）风险治理过程中需要保持适当的脆弱性

公共物品风险治理中，为了保障资金的持续投入，需要维持韧性治理与脆弱性治理之间的平衡。在风险频发的情境下，韧性治理虽然已经成为吸引资金投入和获取资源的创新工具，但如果要得到进一步的资金投入，公共物品需要表现"恰到好处"的韧性，既不能把韧性表现得太充足，又不能忽略韧性治理的效果，才能保证获取资金投入所需要的适当的脆弱性。因此，韧性治理与脆弱性治理之间的平衡要控制得当。

（5）公共物品脆弱性治理的标准化路径与方法阻碍了韧性治理的实现

公共物品风险的脆弱性治理模式，以各种方式被引用于韧性治理的实践中，因此会出现韧性治理的格式化，缺乏支撑韧性治理的创新技术手段。为避免囿于脆弱性治理的标准化路径与方法，避免公共物品风险治理反复进入传统治理方式的相关思路与政策规范中，不仅要积极适应韧性治理的创新时代，还要为韧性治理和脆弱性治理预留充分的冲突磨合空间，重塑公共物品风险治理的情境场域。

4.1.3 城市公共物品安全风险治理的韧性和脆弱性协同共进治理能力

在公共物品风险治理发展的瓶颈和面临突发状况的生存威胁，仅仅靠韧性治理难以独立支撑公共物品风险治理整个运行模式的创新。因此，要真正推进新型城市安全空间发展，必须在公共物品风险链中促进韧性治理和脆弱性治理的协同共进新格局，在风险链中促进"脆弱性-韧性"共进新格局形成。这是公共物品风险治理能力提升过程中，面临的诸多困境中的最优组合策略以及最可行发展路径模式。

目前，由于公共物品风险危机放大效应和政府管控范围扩大等负面因素，导致韧性治理和脆弱性治理之间的治理效果落差以及治理能力之间的冲突性和排斥性，成为阻碍公共物品风险治理空间管理和多规协同的多维障碍之一。一方面，韧性治理和脆弱性治理之间治理效果的差异，是由于当前公共物品风险治理中对风险识别和灾害划分还不清晰，对公共物品功能的定位尚不明确，导致治理模式陷入僵局；另一方面，在公共物品风险治理的规律性、长效性和整合性目标下，公共物品风险治理通常采取多控线对应多样化价值取向、技术支持、专业支撑等形式，而这些措施基本呈现偏向于韧性治理的特征，导致实践中韧性治理与脆弱性治理的能力存在相斥的现象。以上因素使得韧性治理和脆弱性治理之间能力出现偏差，在面临复杂多变的空间环境时限制了二者的共进发展。

多因素的叠加效应，使公共物品风险治理出现韧性治理强于脆弱性治理的趋势，特别是当灾害突发恰好处于风险治理示范区域时，甚至会出现韧性治理持续发展而脆弱性治理衰退的现象。长期来看，不利于公共物品风险链的形成，进而打破风险治理的内在驱动和外在驱动之间的平衡，反之，若对脆弱性治理的关注远大于对韧性治理的推崇，这不符合风险治理的发展趋势。因此，从公共物品风险治理的技术手段、治理体系、资金支持等来看，韧性治理在治理模式中的功能定位仍占优势，有必要在"脆弱性-韧性"风险链的关键节点和短板区位发挥韧性治理的主导作用，实现韧性治理的引导价值，从而克服韧性治理与脆弱性治理之间的发展倾斜，最终实现"脆弱性-韧性"共进格局。

4.2 城市公共物品韧性功能建设格局

4.2.1 彰显城市公共物品安全风险韧性治理创新范式

当前，城市脆弱性逐渐凸显，治理难度不断攀升，城市风险日益集聚，公共物品作为城市的重要"零件",其韧性治理面临的发展障碍就是如何用韧性治理的创新范式对风险抵御与系统重组"对症下药",并在城市公共物品风险治理过程中提出新政策与行动指南。实践证明,对于公共物品风险治理是否偏向于风险抵御与灾后恢复,或强调系统重组,并没有确切的科学解释。从政府措施到学界研究,对韧性、风险治理、灾害恢复的认识仍然争论不断。其中,针对公共物品风险抵御与系统重组的研究聚焦点,主要集中在对韧性治理的定位与认知,因此,针对韧性治理的探索及如何实现韧性治理的创新范式,已经成为调适城市发展、降低公共物品脆弱性及提高系统风险适应力的一个创新路径。

从韧性城市发展计划的实践结果来看,韧性治理不仅是公共物品安全风险规避和脆弱性风险治理实践的价值体现,更是提高公共物品脆弱性风险时的自我应对调适能力与风险抵御能力的最重要的技术支持,成为实现公共物品风险治理从脆弱性"预防"向韧性"应变"转变的实施路径[32],是公共物品风险治理新政策与行动指南的最大支撑。在此情境下,对韧性治理的探索及具体实践,成为风险抵御与系统重组的创新范式。

(1)从韧性治理所体现的城市功能安全规划的全局视角分析

从1950年以来面临的各种城市风险,韧性治理被定位为城市危机与压力的先行者。1950年以来,经济发展与人类活动不断对资源环境的承受能力提出新的挑战,用全局的视角看待城市风险成为必然。1973年,Holling首先用"韧性"来描述生态、资源系统面临干扰后的自修复能力,韧性这一名词的出现将相关研究汇总成为一门"韧性科学",核心在于环境系统(水域、森林、渔场等)的抗干扰能力。1999年,韧性治理的核心在于强调自适应和自恢复能力,其涉及领域从环境逐渐拓展到社会组织和经济结构[139]。从19世纪至今,韧性治理在公共物品风险治理领域逐渐完善,提出了抵御、恢复、吸收和适应能力,核心在于强调城市面临危机与压力下的继续生存发展能力,将韧性治理的理念逐渐渗透到城市功能安全规划中,培养民众危机意识和责任意识,同时将脆弱性风险治理的理念巧妙地运用到韧性治理中,两者相互交叉、融合,推进公共物品风险治理的多元化发展。

随着韧性治理理念在公共物品风险治理领域的不断完善,可以发现,城市各种组织将危机与压力转变成机遇的同时,逐步认识到通过提高韧性治理的创新能力,强化韧性治理在城市风险中的引领地位,是现阶段解决城市危机与压力的核心定位。

（2）韧性治理已经成为公共物品风险治理的创新途径

相比于脆弱性治理，韧性治理既处于公共物品风险链的必要环节，也是公共物品风险治理领域的新兴理论和创新技术，强调科学运用城市经济、生态、技术、组织的加密和织补来完善公共物品功能。而且，韧性治理既具有通过协调利益主体间的关系提升风险认知与预测技术的优势，也具有通过监测手段协调风险治理领域的资源布设并掌控公共物品功能运行状态的优势。对于公共物品风险抵御与系统重组而言，这意味着如果能利用城市所具备的资源条件及政策法规，从而促进韧性治理的推进与施行，就可以逐渐完善城市范围内公共物品风险治理的内在机制，激励更多的组织和区域支持并推行韧性治理手段，来吸引各界组织支持、资本投入，以韧性治理为突破口提高公共物品应对风险能力。

逐步完善的公共物品风险治理内在机制的执行，会使优先获得韧性治理示范区域的城市成为各地相继效仿的典型案例，必然使得韧性治理在风险治理领域"脱颖而出"，进而使得韧性治理优于脆弱性治理，促使韧性治理成为公共物品风险治理的创新途径。

（3）韧性治理已经成为公共物品应对风险与挑战的实践新视域

当城市遭受源于突发事件的压力冲击，导致公共物品功能结构产生不稳定波动时，受制于城市安全风险治理和维护资源环境稳态的思维限制，通常促使政府及各决策部门采取以系统消化、吸收干扰、保持结构、维持功能为目的的公共物品风险治理适应性计划。在公共物品遭遇挑战与风险时，脆弱性治理通常采取灾前预防、减少投入等风险规避的治理方式，往往不会采取抵御外界干扰、调整系统结构并将挑战转化为优势的行为策略。然而，在公共物品风险治理内在机制的调控下，韧性治理由于具有维持公共物品功能稳定的特性，必然会吸引更多的资金投入和资源支持，并通过政府引导、多元主体配合的形式，从而保证韧性治理的区域层层渗透，最终提高公共物品应对风险的能力、风险适应能力与灾后恢复能力。

因此，对于韧性治理的发展定位而言，其自身所具备的韧性特征是公共物品风险治理的重要参照点和实践新视域，是城市抵御风险与压力以及完成自身系统重塑、辨识风险因素、吸收外部威胁等目标的实践新渠道。通过加大对韧性治理的推行政策与资源优化配置，可能会造成推行中韧性治理比脆弱性治理偏重的现象，进而造成公共物品风险治理的乱象，打破低风险下的脆弱性治理与高风险下的韧性治理并存的情境。

（4）韧性治理的"人本性"是促成公共物品风险治理组织制度的有效路径

公共物品风险治理组织制度一直依赖于以政府控制的方式，使用资源配置相关机制和综合规划的方式，作为提高公共物品韧性的主要手段。在当前城市风险治理体制机制下，韧性治理的"人本性"往往是促成公共物品风险治理形成自组织学习能力的关键条件，这为落实韧性治理政策指明了一定的方向。此外，通过塑造民众、社会组织、企业、决策者、研究者等之间的关系网络，为实现公共物品风险治理的整体韧性提供了坚实的基础。进而提升韧性治理的"人本性"在公共物品风险治理组织制度中的优势，形成多中心、透明、灵活、包容的公共物品风险治理自组织制度模式，从而更加确定了韧性治理在公共物品风险抵御与系统重组中的重要地位。

4.2.2 明晰城市公共物品安全风险链韧性治理新功能定位

突发灾害会通过公共物品进行外部环境与城市功能的"交流"，促使公共物品自发形成自我调控、自我功能调适的风险治理体系。参照风险与灾害之间的因果关系，并结合公共物品空间尺度特征与功能价值，将风险链按照"点、线、面、体"的特征进行分类，公共物品风险治理因此被分为常规性治理、协调型治理、目标型治理和沟通型治理[140]。因此，要准确理解公共物品风险治理中风险与灾害的因果关系，准确把握韧性治理的功能定位，不能仅仅从传统治理的角度来分析，而要从风险链代谢发展的角度，解析公共物品风险治理中风险与灾害的因果关系，以及韧性治理的功能定位在不同风险链环节的差异性。

（1）公共物品风险常规性治理阶段

由于风险治理管理办法及法律法规章程制度的不完善，必然会导致公共物品风险脆弱性治理面临投资成本不稳定、风险识别不清晰、风险排查不规范、事故控制不科学等实践难题，面临灾害监测、安全培训、宣传教育等发展滞后所导致的风险与灾害扩大化困局。以推行韧性治理理论为主的风险链环节，政府管控、干预并引导，制定尽可能精准的风险治理标准，通过风险宣传和韧性理论教育的方式，实质上，是对脆弱性风险治理的一种补偿体制机制，帮助民众、企业、社会组织等多元参与部门接近并认同韧性治理在公共物品风险治理领域的应用，帮助公共物品的风险适应能力尽快达到突发灾害的破坏临界点，从而快速发挥自身适应能力的优势，有利于公共物品风险治理中风险与灾害的快速响应。因此，在公共物品风险常规性治理阶段，推行韧性治理总体上比脆弱性治理利大于弊，在面临风险治理政策不完善与灾害预防不精准的前提下具有一定的挑战性。

（2）公共物品风险协调型治理阶段

公共物品风险协调型治理阶段是韧性治理与脆弱性治理之间相互适应与协调的过程，其所造成的连带效应逐渐显现。一方面，由于智慧城市、低碳城市、弹性城市、韧性城市的相继提出，通过信息化的手段，完善对公共物品风险因素的信息集聚，尽量掌控风险治理的数据信息，协调公共物品风险治理在实践与虚拟情境间的安全距离，逐步改善脆弱性治理的不合理措施，充分发挥韧性治理在其中的决定性作用，全面激发政府、企业、社会组织及民众对风险认知的能力水平，加快风险治理实践在韧性与脆弱性之间的灵活转换。另一方面，韧性治理的风险监测预警技术是构建公共物品风险治理功能结构体系的支撑手段，是充分发挥脆弱性和韧性的协同、补充、平衡能力的技术支持。然而，公共物品风险抵御与系统重组的过程中，由于自身功能结构的局限性、传统治理思维锁定和脆弱性治理路径依赖等特性，将会造成风险监测与突发灾害预警的衔接脱轨，对公共物品风险治理造成阻滞效应，导致监测预警技术的推行停滞甚至产生负面影响，造成公共物品风险治理中韧性治理与脆弱性治理对接不成功现象。因此，提前预测分析灾害与风险，协调治理公共物品功能结构之间的布设在此阶段显得尤为重要。

（3）公共物品风险目标型治理阶段

常用的治理方式是情景重构，增强公共物品应对突发灾害等风险扰动的韧性。当前的公共物品风险治理已经形成"识别灾害发生点—模拟构建情境—诊断风险扰动"的目标型治理模式。一方面，公共物品风险治理从脆弱性治理转向韧性治理的进程中，必然会暴露风险治理体制机制不完善的现象，在公共物品面临灾害事故扰动、风险治理创新催动的作用下，必然激发政府、企业、社会组织等部门采取针对灾害与风险的干预和控制手段，采取针对典型灾害的虚拟情境再现，模拟风险治理各阶段。这些实践措施将会逐渐弥补公共物品风险治理的体制机制空缺，发现模拟情境与目标治理的差距，确保公共物品功能结构的正常运行。另一方面，公共物品风险目标型治理将会进一步诱导政府、企业、社会组织等多元主体采取更多的治理措施和治理绩效评价方法,试图促进韧性治理与脆弱性治理的融合与创新。这将会促进公共物品风险治理体制机制的进一步完善,明确公共物品风险治理中风险与灾害的关系,从公共物品风险目标型阶段的整体性来看,提升公共物品风险治理的整体韧性,转换脆弱性治理思维,是实现风险治理目标、达到治理效果所面临的发展困局。

(4)公共物品风险沟通型治理阶段

面临脆弱性治理向韧性治理发展的转变,由政府主导型治理向利益相关者沟通型治理转变,由粗放型治理向精细化治理转变,这就对韧性治理在公共物品风险治理的新理论、新功能提出很大挑战,促使对治理中风险与灾害的因果关系进行重新定位与调整,促使决策者与多元利益相关者对风险讯息进行及时交换。在沟通型治理阶段,韧性治理与脆弱性治理之间已经产生了相互依赖、互补的联系,出现了应对各类风险、灾害的新的技术手段,而当前的风险治理手段远远滞后于利益相关者的内在需求及技术要求,这就抑制了公共物品风险脆弱性治理与韧性治理的转化和新的治理模式的形成,这不仅需要纳入利益相关者的智慧,而且还要争取将风险认知达成共识,确保公共物品风险治理对未知灾害的可控性与可预测性,最终确保公共物品功能结构的全面性。

4.2.3 构建城市公共物品安全风险韧性治理协同新机制

从当前公共物品面临的突发事件、灾害、恐怖活动等诸多风险因素来看,最受关注也饱受争议的是韧性治理的功能特性与发展定位问题:

① 韧性治理的功能特性,在公共物品安全策略上主要体现为灾害管理、功能布设规划、功能建设等。

② 韧性治理的发展定位,已经成为公共物品风险治理中统合灾害管理的关键要素。另外,针对韧性治理功能定位的理解,如果仅仅局限于传统的对风险的躲避、隔离、抵御等,这与公共物品风险链的发展特征不相契合。

随着公共物品风险治理进入新发展阶段,即不仅要提升不确定扰动之间的适应与共生能力,也要注重发展与创新之间的动态平衡,意味着城市风险下的公共物品功能结构稳定性将会随着风险链的变化而做出相应调整,在韧性治理的功能定位认知方面,需要有创新型的思维范式。最为关键的是,在公共物品风险治理领域构建"脆弱性-韧性"共进治理新格局,简言之,在公共物品风险链的各阶段切换中,构建脆弱性治理和韧性治理的协同竞合共同体。一方面,在公共物品抵抗风险扰动的理论创新、技术创新方面,发挥韧性治理的综合思路创新优势,利用韧性治理的抵御性特征与区域内资源、空间、人文环境相结合的方式,摒弃脆弱性治理的依赖抵抗性实践思路的问题,提升公共物品风险治理的抗干扰能力,实现以利用为目的的公共物品风险防御系统;另一方面,在公共物品风险链发展与创新的过程中,鼓励脆弱性治理利用成熟的体制机制进行全面风险治理并扩大投资,同时与韧性治理结合构建利益最大化、功能织补型的风险链模式,通过韧性治理将公共物品风险治理的创新手段外溢给脆弱性治理,脆弱性治理再按照传统的治理逻辑构建"脆弱性-韧性"风险链的协作体系,以此促进公共物品风险治理模式的创新转型。

4.3 城市公共物品安全风险链与"脆弱性-韧性"共进治理

无论是从公共物品韧性治理的功能定位来看,还是从公共物品风险源的突发危害性来看,以及风险情境下韧性治理和脆弱性治理各自的功能特征与竞争优势来看,制约性因素的存在,决定了公共物品风险中必须打造脆弱性治理和韧性治理的必要性,同时,决定了公共物品风险链推进创新治理新模式的过程中"脆弱性-韧性"共进治理新格局形成的紧迫性。

4.3.1 城市公共物品安全风险链实践样态及"阻塞"表现

从公共物品风险链的内在逻辑来看,一般风险链包括四个关键环节:风险源识别、风险因素判定、风险隐患排查、风险事件解决方案[141]。事实上,在风险链的不同环节和阶段,风险治理的任务、功能特征、参与主体以及所适应的空间资源环境都有明显差异。

公共物品风险治理初期风险源识别环节,不仅需要专业人才引进和创新技术手段,而且还需要创新型的理论支撑和思维逻辑。公共物品风险治理风险因素判定、风险隐患排查和风险事件解决方案阶段,风险链的各环节吻合性需要多元参与主体的协同推进。其中,在风险因素判定的特殊环节,政府的主导作用必不可少,但企业与公众的参与可以保证风险治理的可行性。在风险隐患排查的特殊环节，风险链发生了根本性变化，从风险情景模拟演变成多元参与主体利用智慧化手段、资金投入、人才输送等活动，是风险链的发展环节。在风险事件解决方案环节，公共物品风险治理已经将脆弱性治理方案输送到韧性治理实践中，从资金投入转为资金回收和补偿。然而，从公共物品风险治理的实践状况来看，不仅在风险链的特殊环节存在薄弱点和后劲不足等现象，还存在风险链各环节衔接与延续的"阻塞"现象，具体表现在以下方面。

（1）公共物品风险治理的结构不合理，风险源识别模糊

公共物品风险治理的结构不合理，风险源识别模糊，导致此阶段的风险治理效率低下，成为制约公共物品风险治理能力提升的根本介入点。即便充分考虑公共物品风险治理的实践活动、资金投入、绩效评估等，其潜在的风险因素仍然不可忽视。韧性治理是提高公共物品风险治理能力的创新性思维突破，强化韧性治理既是提高公共物品风险治理能力、治理效率、治理资本和治理手段的重要路径，也是实现风险源识别精准化的点睛之笔。因此，公共物品风险治理中，功能结构不合理和风险源识别模糊的困境，必然会造成公共物品风险治理效率的相对滞后，而韧性治理的介入是现阶段推进公共物品风险治理能力提升的根本介入点。

（2）存在制度性的阻滞因素，导致风险治理乏力

当前，在公共物品风险链中的风险因素判定、风险隐患排查、风险事件解决方案阶段，存在制度性的阻滞因素，导致风险治理滞后于所引发的风险事故，导致风险治理乏力。公共物品风险链中的风险因素判定、风险隐患排查、风险事件解决方案阶段，存在以下障碍机制。

① 风险因素判定与实践情境相悖

风险因素的预判与风险治理的实践活动密切相关，预判能力的强弱对于风险治理的效果具有引导性，致使当前的风险治理既不依附于单一的治理手段，又不以风险源作为治理重点，也不针对风险链的脆弱性环节进行补充，而是根据风险因素的预判对风险治理进行攻关。由于风险因素判定能力的局限，导致风险因素判定与实践情境脱节的现象。

② 风险隐患排查的技术手段相对落后

公共物品风险治理一直存在"推崇韧性治理，削弱脆弱性治理"的现象，这与风险隐患排查的具体技术手段有关。风险链的风险隐患排查通常具备时间长、消耗

大、不可预测等特点,这种情况下,一般会选择韧性治理这种效率比较高的治理手段,而脆弱性治理面临融资难、效率低的弱势,相比较而言,韧性治理在风险链中将会发挥主角作用。

③ 缺乏风险事件解决方案的机制保障和激励制度

无论是脆弱性治理还是韧性治理,当前公共物品风险治理呈现出风险事件解决方案的机制制度不完善的现状,一方面,脆弱性治理表现为多元参与主体协作障碍、风险因素难以把控以及面临韧性治理技术手段的竞争;另一方面,韧性治理存在机制缺位、约束制度不完善以及激励制度不明确的弊端,导致风险事件解决方案的缺失。此外,公共物品风险治理现有的管理制度尚不完善,也不利于风险事件解决方案的达成。当前的公共物品风险治理管理制度主要是针对风险应急,局限于考量利益相关者而忽视从风险治理的全局考虑,导致来源于韧性治理的技术手段创新,难以跨越脆弱性治理的传统技术,无法发挥韧性治理的技术支撑作用。因此,打造"脆弱性-韧性"共进治理新格局来推动公共物品风险链创新发展,是解决风险治理滞后于所引发的风险事故的关键突破点。

(3) 动态因素的叠加,阻滞公共物品风险链的形成

当前的融资体系与供给制度还不完善,再加上民众对风险治理需求的多样性与区域结构的复杂性,以及公共物品风险治理的典型案例对民众的感染力,这些动态因素的叠加,阻滞公共物品风险链的形成。

从公共物品风险链的演化发展来看,一方面,对于公共物品风险治理的资金投入,必然需要多元参与主体的融资,但是风险治理的融资体系还不成熟,尤其融资渠道还只是针对脆弱性治理,难以实现向韧性治理融资渠道的转换,造成融资体系不成熟的现象;另一方面,由于供给制度的不完善,导致韧性治理直接运用脆弱性治理制度的行为时有发生,造成风险治理技术手段的创新前期投资不能准确的估算,必然会造成韧性治理的实践受到阻滞。

更重要的是,一方面,供给制度的完善不仅能驱动公共物品风险治理典型案例对民众的感染力,也能满足韧性治理初期民众需求的多样性,而且需求的多样性与区域结构的复杂性必然会阻滞公共物品风险链的形成,迫使风险治理模式困于已有的传统治理路径;另一方面,韧性治理的推进政策占据了脆弱性治理在公共物品风险治理中的大部分需求市场,这将会压制"脆弱性-韧性"共进治理新格局的形成,迫使风险治理的模式仍囿于"低供给+低需求"的格局中。

4.3.2　城市公共物品安全风险链"脆弱性-韧性"共进治理格局构建

（1）风险链中的风险源识别阶段

针对风险链中的风险源识别阶段，要提升和强化韧性治理在此环节的地位和作用，从而构建公共物品韧性治理新格局的形成。多元参与主体对风险链的风险源识别关注度较低，资金投入较少，导致风险识别模糊，是公共物品风险应对相对弱化的核心要素。从风险链理论支撑的基本逻辑来看，风险链中的风险源识别阶段需要较高的技术手段介入，这必然致使脆弱性治理难以继续支撑。基于此，以推进韧性治理为主要目的的政府、企业、社会组织等机构，或者多元参与主体以融资的方式参与风险治理，或者积极建立风险治理智能化平台，是解决公共物品风险链风险源识别模糊的基本方法。因此，需要在风险链的风险源识别阶段，主动提升和强化韧性治理的推进力度，从而构建公共物品韧性治理新格局。

（2）风险链中风险因素判定、风险隐患排查等风险评估阶段

针对风险链中风险因素判定、风险隐患排查、风险事件解决方案等风险评估阶段，要全面推进"脆弱性-韧性"二者协同、竞进的治理新格局。与风险链的风险源识别不同，风险链中的风险因素判定、风险隐患排查、风险事件解决方案在风险评估阶段尚未形成"脆弱性-韧性"治理的衔接体系。一方面，在外界压力与风险条件下，公共物品韧性治理通常会出现完全借鉴脆弱性治理的行为，后期风险评估的不确定性也会导致脆弱性治理的长期延续；另一方面，在风险评估过程中，大多数沿用脆弱性治理的区域基础薄弱，不具备治理模式创新的资源条件。多元主体的融资情况是长期性的困难，这决定了完全依靠脆弱性治理在当前阶段不能独立承担风险评估的任务。因此，在风险链的风险评估阶段要继续推进韧性治理，全面推进"脆弱性-韧性"二者协同、竞进的二元治理模式，是当前阶段现实可行的发展路径。

（3）风险链中风险隐患排查、风险事件解决方案阶段

针对风险链中风险隐患排查、风险事件解决方案阶段，要积极鼓励多元主体参与治理，体现"脆弱性-韧性"二者包容治理新格局。由于风险链的风险解决阶段更多地体现公共物品内部方案设计，即自我调节、自我适应、自我恢复，外部环境的影响相对不明显。但是，根据风险治理的现实资源约束条件，阻滞脆弱性治理主动创新并向韧性治理融合的因素，表现为公共物品风险治理的鼓励机制不完善，多

元主体参与治理的主动性相对较弱,且脆弱性治理自身存在资源供给不足导致创新潜力不够,因此,不仅要通过强化鼓励机制、法律法规补给资源不足的现状,来促进脆弱性治理在风险隐患排查、风险事件解决方案阶段的主动性,而且还要在风险链的风险解决阶段体现"脆弱性-韧性"二者包容治理的新格局。

(4)风险链全过程的薄弱阶段以及技术短板环节

针对风险链全过程的薄弱阶段以及技术短板环节,要强化韧性治理的关键作用,促进"脆弱性-韧性"二者共进治理新格局的形成。当前,公共物品风险治理面临两大困难:

① 风险治理模式的创新转型面临风险链中存在的薄弱阶段资源供给的不足,导致整个公共物品风险治理新格局的形成面临显要约束。这些风险链中的技术短板,既需要先进的理论支撑来改善,也需要相对创新的技术手段介入和持续的资金支持,导致脆弱性治理没有足够的资源来补给风险链薄弱阶段的治理活动。

② 公共物品风险治理模式的创新转型面临技术短板的约束,致使风险链的某些环节会长期依赖脆弱性治理的原始治理范式和路径选择,导致风险治理模式无法完成自主转型,甚至长期发展资源供给会产生后劲不足现象。

因此,利用韧性治理在风险链全过程的影响力、资源优势和资金累积,积极发挥韧性治理在风险链的全过程中薄弱阶段以及技术短板环节的补偿效应,促进"脆弱性-韧性"二者共进治理新格局的形成(见表4-1)。

表4-1 风险链不同环节韧性与脆弱性治理的定位分析

风险链环节	适应对象	治理模式	具体实现路径
风险识别	韧性	单一强化	鼓励多元主体积极参与韧性治理;推进更多的组织机构以融资的方式参与韧性治理;积极建立风险治理智能化平台
风险评估	脆弱性-韧性	协同、竞进	鼓励韧性治理和脆弱性治理协同合作、竞争共进的二元模式;推进风险治理评估体系平台建设
风险解决	脆弱性-韧性	包容	鼓励韧性治理补给资源不足的现状;促进脆弱性治理在风险隐患排查、风险事件解决方案阶段的主动性
全过程	脆弱性-韧性	共进	保障资金持续长期投入;强化"脆弱性-韧性"共进环境

4.4 城市公共物品安全风险管理的组织形式

城市公共物品安全风险管理主要是指对于公共物品领域的脆弱、复杂且多变,而进行的风险防范、应急处理及灾后修复等行为。因城市公共物品安全风险的诱发因素既包含不可控制的自然灾害，又包括多个隐性风险因素的累积和不可控的人为因素等，且城市公共物品是服务于社会公众的公共物品，因此，为避免风险管理中因决策者认知局限或追求自身利益最大化而造成的决策偏颇，在城市公共物品安全风险治理过程中需要多主体协同参与，通过引入听证制度、鼓励社会组织参与民意征集等形式，寻求各利益相关者主体的意见[142]，从而制定出全方位全域化的战略决策，使得城市公共物品安全风险管理更加具有可操作性与可推广性。

城市公共物品安全风险治理的领域是服务于全体公众的公共物品系统，其涉及的利益主体众多，一旦发生安全事故不仅影响到受害者的利益，参与决策与管理的专家与政府部门、参与建设与运营的企业、参与志愿救援的社会组织、甚至旁观的观众等都会受到一定的影响，它们共同构成了城市公共物品安全治理的利益相关者主体，因此，当前的城市公共物品安全风险治理是多中心协同治理的组织形式。多中心的城市公共物品安全风险治理中，政府的主导地位依然没有改变，在公共资源分配、公众权利维护及治理权责的划分等方面，依然体现出其不可替代的作用，但是随着信息越来越公开透明，私营企业、社会组织、公众个体等都可以根据自身的能力承担城市公共物品风险治理的任务，成为其行动主体。这种多中心协同治理的城市公共物品安全风险治理组织形式为城市公共物品安全风险治理带来很多益处，但同时也为问责制带来了困难。

当前，以多个利益相关者为中心的多中心协同治理的优点包括以下几点：

（1）多主体协同能够减轻政府压力，提高治理效能

各利益主体的利益出发点不同，对风险因素的识别角度也会存在偏差与遗漏，通过建立多利益主体共同参与的城市公共物品治理模式，可以从不同视角识别风险因素，减少对个别风险的忽略。并且，公共物品的大量建造需要耗费许多资金与技术，单纯依靠政府已不能满足建设需求，各利益主体的参与可以减少政府的资金与技术压力，提高城市公共物品风险治理的技术水平与治理效能。

（2）多主体协同治理优化并统一各自的治理目标

人的"利己"心理决定了在城市公共物品安全风险治理中，各主体关注更多地为自身的经济利益、心理利益或行政利益等，从而造成各主体因治理目标的不同，容易做出相悖的决策，而通过多主体协同治理，可以促进利益主体间的信息交流与互通，进而优化并统一各自的治理目标，减少因信息壁垒造成的治理行为的失效，

也避免因信息的失衡造成的风险传播途中次生灾害事件的发生。

（3）多主体协同相互监督与制衡，增强其责任意识与安全意识

多主体协同的城市公共物品治理组织形式，能够通过相互监督与制衡，约束治理主体本身的行为，增强其责任意识与安全意识，从而减少因治理主体的主观失误造成的城市公共物品安全事故的发生。

当前，城市公共物品安全风险治理的多主体协同治理中，还存在着以下不可避免的缺点：

（1）风险治理的某阶段效率降低

城市公共物品安全风险治理虽涉及多个利益主体，但在风险发生的各个阶段，对各主体的影响存在差异性，但多主体协同参与风险治理常常是各主体在风险发生的全过程参与，这样易造成资源、人员的浪费，也会因为人员的众多、目标分散，使得风险治理的某阶段出现效率降低的现象。

（2）多元共治形同虚设

多利益主体参与城市公共物品安全风险治理虽然能够减轻政府的经济与技术方面的压力，但是当多利益主体通过这种合作模式建立了"共生"关系，则相应的彼此的独立性便会受到侵蚀，而且彼此为应对这种"侵蚀"现象，制定出来的对策可能会产生政府过分依赖其他社会组织使政府在公共物品安全领域的"缺位"，或者其他的参与主体成为政府的办事机构或代言人的两种极端现象，使得多利益相关者主体参与的城市公共物品安全风险治理演变成"多块牌子，一套人马"，使得多元共治形同虚设[143]。多元主体参与的城市公共物品安全风险治理，在因达到共同的治理目标而减少了决策时长的同时，也将各主体的关系进行了重新整合，这就使得各主体间权利与责任边界变得模糊，尤其是公共责任领域可能会面临责任交叉重叠的风险，各主体的相互推诿会使"责任共担"最终沦为"无人担责"的情境。

（3）公共伦理缺失现象严重

多元主体合作共治是建立在相互信任、各主体间相互监督的前提下提出的，但是，若各利益主体出于"寻利"的目的，在政府的部分职责向其他主体转移过程中会出现权权、权钱等寻租现象，其他非政府组织则以损害公共安全或弱势群体利益为代价获取个人利益，这些公共伦理缺失的现象也是多利益相关者主体参与城市公共物品安全风险治理的缺点。

4.4.1 城市公共物品安全风险管理利益相关主体的互动关系

城市公共物品安全风险的多主体参与的治理组织形式是由各主体根据风险发生的时间动态参与的过程。多元主体不仅包括风险事件的受害者、事件的制造者、风险事件的传播者——新闻媒体、风险发生地的政府机构与主管部门、风险事件的治理技术专家,而且包括非政府组织与非直接受害的公众在内的旁观者。费里曼认为,在企业的管理中"利益相关者管理理论是指企业的经营管理者为综合平衡各个利益相关者的利益要求而进行的管理活动",而"组织中的利益相关者是指任何能够影响公司目标的实现,或者受公司目标实现影响的团体或个人"。同理可得,在城市公共物品安全风险治理的全过程阶段,风险治理的利益相关者是指所有能够影响城市公共物品安全风险治理目标的实现,或者是受城市公共物品安全风险治理目标影响的组织或个人,也包含以上提及的利益相关者主体。

在城市公共物品安全风险治理决策过程中,各利益相关者之间相互影响。政府作为公共物品的主要供给者与主要管理者,理应成为城市公共物品安全治理的主体,在城市公共物品治理决策过程中发挥着核心与主导的作用,并为风险事故的伤害者提供救援与帮助。而其他的社会组织或个人通过遵守政府的相关法律法规,接受政府约束下的风险治理,并提供服务与帮助,从而促进城市公共物品安全风险事故的应急处理与解决。在其他领域探究利益相关者主体的动态互动关系时,有学者选择从利益相关关系、利益诉求关系和利益集聚关系三个维度出发,分析了各利益相关者主体在各治理阶段的作用[144],因此,在研究城市公共物品安全风险治理中各利益相关者之间的动态关系时,也可借鉴此方法。

(1) 利益相关关系

利益相关关系是指在城市公共物品安全风险治理过程中,利益相关者与风险治理的利益相关程度。相关度越高,该利益相关者主体越关注城市公共物品安全风险治理;相反,相关度越低,该利益相关者主体越不关注城市公共物品安全风险治理。但是,城市公共物品安全风险治理中的多元参与中,各利益相关者主体正是为了实现自身的利益,可见对公共物品安全治理的关注度与风险治理的利益相关度密切相关,根据其各自利益相关程度,可做如下划分:

① 高度相关的核心利益相关者

这类利益相关者与城市公共物品安全风险事件有极高的利益相关度，且几乎在公共物品安全风险治理的全过程都受影响，主要包括风险事故的受害者、相关领域的政府主管部门及风险事故的制造者。其中受害者是风险事故治理中最大的利益相关者之一，最大限度地降低受害者利益损失往往是风险治理的主要依据，且受害者是社会、政府等其他参与者最关注的对象，因此许多风险治理策略的制定都是从受害者视角制定风险预防、事故应急与事后修复等一系列工作的。而政府部门作为城市公共物品的供给主体，在城市公共物品安全风险治理中的主导地位表现在其对风险治理的法律法规的制定、治理决策的主要制定者以及风险预防的主要承担者与指引者，因此其对城市公共物品安全风险治理有较高的相关度。风险事故的制造者则是风险治理中的另一个重要对象，虽然更多的是对其的惩罚与处理，但是惩罚方式的选择对事故后续的民心及受害者后期的思想认知提高有较大影响，这对预防相似事故的发生也具有重要的影响。

② 中度相关的间接利益相关者

这类利益相关者一般不会受城市公共物品安全风险事故的直接影响，但会从传播途径或者伤害程度等方面间接地影响城市公共物品安全风险，与城市公共物品安全风险治理的利益相关度居中，主要指相关领域的技术专家和新闻媒体。一些领域的技术专家并没有处在风险治理的核心地位，但其参与的风险预警方案治理、公共物品关键设施的研发、风险事故的应急方案制定等都对城市公共物品安全风险治理有较大影响，且其参与后对城市公共物品安全风险事故发生率的变化，也会影响其自身的利益。新闻媒体作为风险事故信息的传播者，其对风险预防信息、风险事故现场重现及事故后的评议等对相应的风险治理具有密切的关系，且信息传播的时效性、真实性等也会对新闻媒体的自身利益产生较大影响，可见新闻媒体在城市公共物品安全风险治理过程中发挥着至关重要的作用。

③ 低度相关的潜在利益相关者

这类利益相关者与城市公共物品安全风险治理利益相关度很低，既没有受到人身伤害或利益损失，也不需承担相应的责任，主要包括非受害公众和非政府组织，将他们一同划分为普通公众。非受害的公众虽然不是事故的直接参与者，但事故一旦发生便会增加了他们对相似事件的关注甚至恐惧，进而影响风险治理决策者在制定方案时的方案选择，从而形成了与事故的非直接联系。非政府组织虽然对城市公共物品的治理不承担责任,但他们作为公众自发形成的组织,对风险事故发生后的救援与帮助对事故发生后的恢复工作具有重要作用,也因此会与城市公共物品安全风险治理发生一定程度的关联。

(2) 利益诉求关系

利益诉求关系是指在城市公共物品安全风险治理过程中,利益相关者对自身在其中利益的表达能力,表达越迫切、表达程度越高,对风险治理的影响就会越大。同样地,根据利益诉求表达程度的高低,可将其分为高度诉求、中度诉求和低度诉求。其中,政府、技术专家与新闻媒体的利益诉求度,在所有城市公共物品安全风险治理参与主体中是最高的。政府作为公共物品的主要供给者与管理者,一旦发生危险事故,政府首先介入到风险事故的调查、取证、事故救援与舆情控制,在其治理的过程中会根据事件的具体情况选择性地公布事故发生的情况,因此利益诉求表达的主动权掌握在政府的手中,政府理所应当地成了城市公共物品安全风险治理中诉求度最高的主体。而技术专家掌握的知识与技术,使其在城市公共物品安全风险治理中具有"一票否决权",因此能够通过相关治理政策的制定等形式实现其利益诉求,因此,可以说技术专家与政府在利益诉求度上具有相同的高度。

新闻媒体作为信息传播的媒介自身具有很高的表达度,因此其所代表的利益相关者便会天然具有很高的利益诉求度,这也是在城市公共物品安全风险事故发生后,各方主体都重视利用媒体的力量造势的原因。而城市公共物品安全风险事故中,最需要表达利益诉求的受害者的利益诉求度居中。这是因为在实际中,虽然事故发生后受害者会成为社会及媒体的关注焦点,受害者拥有较高的表达机会,但是受权威与表达能力限制,受害者的诉求表达依然不能得到更好的表达,因此其诉求度适中。显然,普通公众与风险事故的制造者成了低度利益诉求者。就事故制造者而言,其引发的事故伤害使其成为社会关注的焦点、舆论抨击的对象,本身处境就处于劣势,太多的利益表达只会使其成为众矢之的,因此,风险事故的制造者一般利益诉求都较低。普通公众作为风险事故的旁观者本身的利益相关度不高,除担心相似事故的发生给自己造成不利影响等因素外,对利益的诉求也不高。

(3) 利益集聚关系

利益集聚关系是指在城市公共物品安全风险治理过程中,各利益相关者集合本主体意志和意愿的能力。在主体内部各自利益需求的意志与志愿集合的能力越高,相应的利益集聚度越高;相反,若某利益相关者主体内部利益诉求的意志分散,意愿凝聚力低，则称其利益集聚度低。众所周知，当利益相关者主体的利益集聚度越高时，其对城市公共物品安全风险治理的影响越大。公共物品安全事件的受害者一般具有高度的利益集聚度。一方面，作为受害者，无论是单独的个人或是受害群体，减少个人损害并寻求补偿通常是受害者共同的利益诉求；另一方面，事故发生后，受害者会受到其他利益相关者的关注与煽动，能够进一步促进他们的利益集聚度。政府部门作为有组织、有领导的团体，在城市公共物品安全风险治理中处于主导地位，其内部意见的一致性一般较高，可以促进事故处理效率的提高，但是一旦内部出现分歧，对事件处理效率影响也很大，可见，政府部门属于高度利益集聚的主体。

普通公众虽然与风险事故本身没有太大的利益相关度，但是凡是参与到风险治理的一般公众与非政府组织，对风险事故都有较高的关注度，因为有对目标的统一追求则具有较高的利益集聚度。对于城市公共物品安全风险事故的制造者而言，多数是受到煽动和刺激的组织，但是其对公共物品的伤害多数不是自发形成的，但又为了保全自身利益的必须表达，因此其对自身利益的聚合度适中，不会太高[145]。对于技术专家而言，技术专家实现自身的利益一般是依赖自身的权威性和专业性，利益表述行为一般为分散的自发性行为，因此利益聚合度较低。然而作为具有高诉求度与较高相关度的新闻媒体，却因与事件的关联度较低，且可能会为多个利益相关者代言，因此其利益聚合度低。

4.4.2 基于利益相关者视角的城市公共物品安全风险动态影响机制

对于城市公共物品安全风险治理过程中利益相关者主体的动态影响机制可从过程阈角度进行分析，按照风险事故发生前、风险事故应急阶段与风险事故发生后恢复阶段这三个时期，关注各利益相关者的利益相关度、利益诉求度和利益集聚度的动态变化及其对城市公共物品安全风险治理效能的影响[146]。

（1）利益相关度

从城市公共物品安全风险事故发生前，到城市公共物品安全风险事故发生及其应急处理，再到事故发生后的灾后恢复，随着事情的动态发展，各利益相关者主体与城市公共物品间的利益相关度也在发生着不同程度的变化。风险事故受害者、政府及风险事故的制造者的利益相关度最高，其中事故受害者的利益相关度会随着事情的推展逐渐增高，且到了风险事故的恢复期这种相关度会变得更高，因此，对各种公共物品安全风险事故的受害者要注重应急治理，更应该注重事故恢复期对受害者的安抚与心理治疗。政府相关部门在风险事故发生的全过程都具有很高的利益相关度，这不仅反映出政府部门对城市公共物品安全承担的责任，也体现了政府在城市公共物品安全风险治理过程中的主导地位。

对于风险事故的制造者，其利益相关度从风险事故发生的前期开始逐渐增高，直到指导风险事故发生后相关治理主体做出应急响应，此时，应急响应方案的选择对事故风险事故制造者的利益影响较大，而在事故伤害恢复期，一旦事故追责确定后，各治理主体会将主要精力放在受害者方面，对事故制造者的利益影响较小，因此其相关度会适当降低。在风险治理的全过程都需要技术专家的指导，且技术专家的相关决策都会对城市公共物品安全具有较大的相关性，显然，在城市公共物品安全风险治理的全过程，技术专家的利益相关度较稳定，都处于中度利益相关阶段。

新闻媒体在城市公共物品安全风险治理前期相关度较低，一旦风险事故发生，在风险事故应急与事后恢复期，作为风险事故信息的主要传播主体，其相关度逐渐提高，并最终保持较高的利益相关，在事故伤害逐渐恢复后相关度逐步下降。普通公众虽然相关度较低，但在应急反应阶段与事后恢复阶段依然会出现逐渐提高的现象，但随着风险事故的合理处置与责任确定后，其相关度便会逐渐下降并恢复至开始水平。

（2）利益诉求度

从利益诉求度而言，政府、技术专家及新闻媒体的利益表达度最高，其中政府的利益诉求因其在城市公共物品安全风险治理中的主导地位，在风险治理的全过程处于相对稳定的状态。技术专家因其掌握的"关键性技术"对自身利益的诉求表达具有较高的自主选择权，因此其在风险治理的全过程利益诉求度也处于较稳定阶段。新闻媒体在事故发生的前期，诉求表达度较低，随着风险事故的发生，其凭借自身的广泛的影响力与较高的表达力，利益诉求度逐渐提高[147]。

受害者的利益诉求度和新闻媒体具有相似的变化趋势，但是，因事故伤害者表达力有限，其利益诉求度的增长较小，最终处于中度诉求度阶段。普通公众的利益诉求度呈现较低且变化较小的情况，但是，在风险事故发生后的风险应急阶段，会出现阶段性的提高，但诉求度依然不会太高，这与其表达力及利益相关度较低有直接关系。对于城市公共物品安全风险事故的制造者而言，出于自我保护与责任意识，一般会选择沉默，尤其是在事故发生后，其利益诉求度更是出现稍微的下降趋势，在事故恢复基本完成时才会出现稍微的回升。

（3）利益集聚度

利益集聚度取决于各利益相关者的利益目标是否相同，因此，随着城市公共物品安全风险治理过程的推移，各利益相关者的利益集聚度也会发生适当的变化。风险事故的受害者、政府部门及普通公众的利益集聚度最高，其中政府与普通公众都会随着事故发生后治理进程的推进而缓慢增高，在风险事故发生后的应急阶段达到最高，其中政府的高集聚度主要来自法律赋予的责任，作为治理主体之一的普通公众一般指对城市公共物品高度关注的一些非政府组织，参与到城市公共物品安全风险治理之中是因为拥有共同的利益诉求。事故受害者的利益集聚度变化与政府部门不同，其在风险事故发生前多是对城市公共物品安全风险认识不足的公众，此时利益的集聚度较低，但当事故发生后，其利益集聚度迅速增至最高，但随着风险事故治理进程的推进，受害者的基本利益诉求得到满足后，各受害者受各自教育背景与认知的不同，出现一些降低。

与受害者不同的是，通常情况下城市公共物品安全风险事故的制造者多是群体，因此在事故发生前便具有较高的集聚度，但由于多数伤害制造者组织是受别人怂恿，因此，当伤害发生造成较大损失后，各伤害制造者也会处于"自保"，利益集聚度出现缓慢降低。技术专家多数代表的是个人的利益或团队的利益，利益集聚度较低。新闻媒体因各自代表的利益不同，因此也具有较低的利益集聚度，但是通常在风险事故发生后的恢复期，出于对受害者的重视，在此阶段利益集聚度往往会呈现上升趋势[148]。

4.4.3 基于利益相关者视角的城市公共物品安全风险治理机制构建

（1）城市公共物品安全风险治理模型建构

① 安全风险理论范式及其风险治理模式

治理理论演进脉络。通过对国内外关于城市公共物品安全风险治理相关文献的研究，可以发现，早期的城市公共物品安全风险治理主要集中在重要基础设施领域，研究的理论范式是基于具体的基础设施伤害事故的现实主义理论范式。这种理论指导下的风险治理主要依靠技术手段与既有经验，对已经发生过的风险事故研究一整套预防并控制风险事故再次发生的工程技术手段，此时的公共物品安全风险治理的主体是各类专家。

随着工业社会的快速发展，贝克提出"风险社会"理论，进一步地分析认为"有组织的不负责任"是导致城市公共物品安全风险逐步全球化的关键，进而形成了制度主义理论范式。贝克、吉登斯等风险社会理论的代表人物还提出了从组织和制度层面革新风险治理模式，通过决策结构开放、公开对话、明确责任等开放性风险治理形式减少制度性风险的增加，从而形成了"组织-制度"的城市公共物品安全风险治理模式。在这种模式下的城市公共物品安全风险治理主体不仅包括政府部门，还包括社会组织、企业等普通公众。

然而，随着风险社会理论的日趋成熟与发展，越来越多的学者开始将研究重点转向社会风险产生的文化根源，以风险文化为代表，逐渐形成城市公共物品安全风险治理的"建构主义-风险文化"理论。建构主义理论强调随着公众风险意识的加强，在一个范围内的"风险文化"逐渐建构，而公众对公共物品领域风险意识的增强易引发风险的扩大与加剧，因此，在建构主义理论下的城市公共物品安全风险治理更加注重通过社团运动等防范与化解城市公共物品安全风险，从而形成"社团运动"的城市公共物品安全风险治理模式。

② 城市公共物品安全风险治理的流程框架

从城市公共物品安全风险治理的三种理论范式和三类治理模式的演进分析中可以看出，任何一种治理模式都只是从一个维度关注公共物品安全风险，缺乏一个系统而全面的风险治理机制，而要构建一个整合的治理机制与模型，首先要基于过程阈角度构建一个城市公共物品安全风险治理的流程框架。

从现实主义理论及其对应的"工程-技术"治理模式中可以看出，早期的城市公共物品安全风险治理更加注重对已经发生的风险事故的预防、规避和减损，因此，工程技术手段在从风险向危机转化的过程治理中更能发挥作用。而制度主义风险社会理论及其对应的以政治为中心的"组织-制度"治理模式更加注重对安全风险的制度化、规范化及组织化治理，强调依赖政治系统与社会力量的整合，从风险预警、风险治理到风险恢复全过程的城市公共物品风险制度化治理。

建构主义理论与"社团运动"治理模式则更加注重风险产生的根源及风险传播过程中信息的处理，并且更加关注社会组织与社团群体的诉求。基于此，可以按照风险发生前、中、后的过程，构建风险发生的流程框架。在城市公共物品安全风险发生前期，风险治理的主要工作是风险的防范，主要包括建设初级构建的公共物品安全防护结构、风险因素的识别和风险预警方案构建[149]。风险发生过程中，风险转化为危机，此时要做到风险事故的预警、危机处理和责任分担，这一阶段可称为危机处理阶段。在风险发生后，最主要的善后工作是恢复，包括公共物品的情景恢复与受害者心理恢复、事故经验总结及制度策略改进，这一阶段也可称为恢复管理。由此对城市公共物品安全风险治理可形成"风险防范—危机处理—恢复管理"的风险治理流程框架。

③ 城市公共物品安全风险治理机制模型构建

从对城市公共物品安全风险理论范式、治理模式的研究及治理流程框架的构建，并结合各利益相关者主体在城市公共物品安全风险治理各阶段的动态影响，按照风险发生前、中、后的过程，整合形成以某一治理模式为主导的政府、专家、社会组织等各利益相关者多元整合的城市公共物品安全风险治理机制模型。

在风险事故发生前，风险治理的主要工作为风险的防范，以"组织-制度"模式为主导重点发挥政府的组织能力及技术专家的专业能力，提高城市公共物品的抗逆力。政府建立的激励约束机制在风险发生前期对规范公众行为也具有重要作用，应发挥社会组织的自组织能力以提高安全预防知识的宣贯，从而提高公众安全意识[150]。

风险事故一旦发生，事故的应急处置是此时风险治理的主要工作，此时参与风险治理的利益相关者主体主要为政府部门、风险事故受害者、技术专家与新闻媒体，一方面，发挥政府的组织能力与制度约束，监督并敦促技术专家发挥自身能力减少风险事故损害，并且，依靠政府的制度约束，对风险事故责任进行明确的划分与追责，从而保证风险事故受害者损失得到合适的补偿；另一方面，发挥新闻媒体在利益表达上的优势，通过对风险信息传播的控制减少风险事故被放大的可能。可见，此时的城市公共物品安全风险治理主要以"技术治理"模式为主导，充分发挥政府的整合组织能力。

在风险事故发生后，治理工作的主要任务为情景恢复，此时以"社团运动"模式为主导，发挥社会组织、新闻媒体等普通公众在对风险伤害者的心理恢复中的舆论作用及事故责任分担工作中的监督作用，同时要发挥其组织能力，风险事故的制造者也会在事故追责阶段为自身权责的维护发挥作用，因此，也要发挥政府的主导作用，整合各参与主体间的利益关系。最终，基于模型构建的分析，建立"理论范式—治理模式—治理框架—治理主体—治理机制"的城市公共物品安全风险整合治理机制模型如图4-1所示。

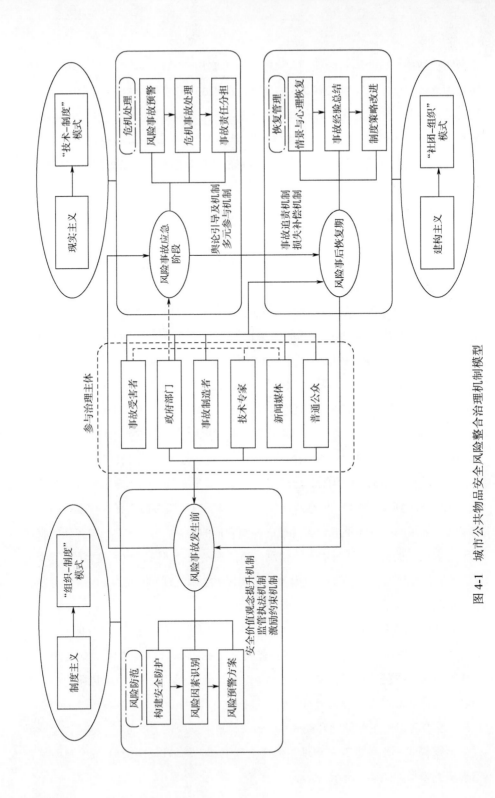

图 4-1 城市公共物品安全风险整合治理机制模型

（2）城市公共物品安全风险治理机制内容

① 建立安全风险价值观念转换提升机制

意识观念决定行为特征，行为特征决定结果。在城市公共物品安全风险治理中政府部门及公共物品相关企业都设立了城市公共物品安全风险预防及治理的机构，并制定了许多相关的法规政策，但现阶段，城市公共物品安全风险事故依然居高不下，究其原因，多数风险行为源自公众、公共物品运营管理者、政府决策者甚至公共物品制造者对公共物品安全意识的缺失及安全价值观的不合理。可见，仅仅依靠法规制度已无法控制城市公共物品安全风险行为的发生，应从安全意识角度，通过增加城市公共物品安全风险治理中相关利益主体的安全意识，转变各利益相关者的安全风险价值观念，从而增强各利益相关者主体的"自我约束"能力。一方面，建立针对政府部门、城市公共物品运营管理人员、城市公共物品建设相关企业及其员工的安全技能知识教育机制，政府部门可通过宣传视频、网络课程、会议培训等形式开展安全知识教育，使得各利益相关者主体的安全思想认识相统一；另一方面，建构针对普通公众的城市公共物品安全风险知识教育机制，从风险事故危害周知、风险行为举报奖励、政府行为监督、安全风险行为宣贯等多维度加强公众的安全意识及风险治理参与积极性。

② 健全安全评价监管执法机制

在政府建构了较全面的城市公共物品安全风险治理相关法规政策，并增强了行为主体的安全意识后，执法行为评价监管将构成规范主体行为的后续保障。一方面，进一步完善政府在城市公共物品安全治理方面的法律法规，尤其在执法制度方面应注重自身执法能力的加强，包括创新执法模式、规范执法行为、提高执法效能等在内，通过对执法人员的知识教育，增强执法人员的法律法规的理解力与运用能力，进而改变城市公共物品安全风险治理相关部门因执法不到位或者执法不严，而纵容城市公共物品领域违法行为"屡禁不止"的现象。另一方面，强化城市公共物品安全风险治理监督机制，包括设置风险行为监督常设机构，鼓励与倡导公众成立城市公共物品安全风险行为监督组织，政府赋予其监督与直接上报的权利，不仅对城市公共物品参与主体的行为进行监督，还要对风险治理行为与执法行为监督，在城市公共物品领域营造法治氛围，使得各参与主体自觉约束自身行为，打消其风险行为动机，并且增强城市公共物品各参与主体间的协调性。

③ 完善安全风险行为激励约束机制

适时的一系列有形激励与约束机制可以避免城市公共物品安全风险治理过程中的疏漏，并且可以减轻执法人员的工作任务与治理成本，从而增强执法人员的工作积极性，提高风险治理效率。首先，完善风险事故发生前期城市公共物品相关主体的行为约束与激励机制，通过阶梯式的风险行为惩罚机制与风险因素举报奖励机制，建立信用与声誉机制等提高风险行为的机会成本从而约束相关企业与员工在公共物品建设阶段的风险行为。在危机发生阶段，应建立健全社会公众、新闻媒体、受害者、风险事故制造者主动奖励与举报奖励机制，包括对执法不合理的举报、积极参与事故应急、提供重要风险信息等的奖励机制，从而更好地提高事故应急处理效能。在风险事故发生后，应健全对积极参与风险事故举报奖励机制，只有及时全面地发现事故原因，才能够更加完善风险治理机制，降低城市公共物品安全风险事故再次发生的概率与损失，提高风险治理能力。在建构机理与约束机制时，应从举报奖励机制的基本目的出发，合理确定奖励形式与标准，完善举报人的权益保护制度，并对举报内容的核实要建构迅速回应机制，通过建立"举报-查处"联动机制提高公众参与的积极性。

④ 推进安全风险舆论引导机制

城市公共物品安全风险事故发生后，易引发公众的过多关注，并且根据事件的严重程度会引发不同程度的风险扩张，一旦公众关切的问题得不到及时回应便会演化成为舆情事件，因此处理城市公共物品安全风险突发事件时，应注意推进安全风险舆论引导。首先，注重风险观念的树立，建立事故风险研判、评估与监测机制，能够及时评判出事故可引发舆情事件的风险因素，及时给予应对。其次，平衡风险事故参与主体的各方利益，减少事故的负面影响，使得事故受到最小关注，避免事故伤害各利益主体受到较大损失，从而引发舆情事件。同时，建立信息公开机制，发挥新闻媒体与社会组织等在事故信息传播中高利益表达度优势，对风险事故发生后应对事故损失、事故原因、事故追责及相应措施整改等信息及时公开，并通过信息画面公开、信息播报等形式，增加公众对风险事故的处理信任。最后，完善风险舆情共享机制与相关问题的解决反馈机制，在发现城市公共物品安全风险事故后应主动将相关信息及时传递给相关利益主体，并在较短时间内将对应的处理信息及时跟进并反馈给利益主体，以此提高公众的信任度与满意度，进而减少城市公共物品安全风险事故的肆意扩大。

⑤ 加强安全多元参与协同机制

现阶段，城市公共物品安全风险治理体系已基本建成，但风险治理过程中条块化依然明显，难以保证各利益相关者主体协同治理，而实现各利益相关者主体目标一致，满足各利益相关者最基本利益诉求，需要在保证政府主导作用的前提下，加强城市公共物品安全风险治理中多元参与协同机制[10]。首先，要完善协同治理的法规制度。现阶段对于多元主体参与城市公共物品安全风险治理的法规政策还停留在倡议阶段，立法较为分散，且各部门各项应对风险事故的法律法规都具有针对性与专业性，因此，要完善协同治理的基本法律及各专项的协同治理法规，制定各主体协同治理的工作制度。其次，为各利益相关者主体构建协同平台。通过平台实现资源互知与信息共享，通过相关物质、资金、技术等物资调配网络建设、应急物资保障机制建设及应急物资使用监督形成物资共知共用网络，通过运用先进的计算机技术与信息化管理系统，将城市公共物品安全治理相关部门的信息共同纳入同一个平台，形成信息互动平台，从而为多方协调与快速反应提供支持。最后，构建社会资本培育机制。在城市公共物品安全风险治理中需要充分发挥社会资本的作用，要在风险治理中引导公众认识风险治理的真正利益所在，关注弱势群体，构建更多的社会共同利益，从而培育更多的社会资本。

第5章

城市公共物品安全风险韧性治理含义与基本原理

5.1 城市公共物品韧性治理含义

2013年，随着美国《一个更强大、更具韧性的纽约》计划的推行，一个以"韧性"为主题的为提升城市应对未来灾害风险能力的研究焦点应运而生，为完善和加强城市公共物品韧性功能风险防范与应对机制建设指明了方向。各国学者从不同视域试图对城市公共物品韧性的含义进行研讨与剖析，但对城市公共物品韧性的阐释尚未形成统一完整的结论。因此，本研究以城市公共物品韧性功能研究的实践为基础，通过考察其内涵在实践过程中发挥的功能与价值所在，分析并探讨城市公共物品韧性功能的内容结构与表征体现。据此，形成整体分析的大致思路：首先，以城市公共物品功能研究的创新实践为出发点；其次，对城市公共物品韧性功能在实践中的价值进行分析与总结；再次，深化与完善城市公共物品功能的内容结构；最后，采用个案考察分析法进一步说明城市公共物品韧性功能结构的合理性与有效性。

5.1.1 城市基层社区安全韧性含义和特征

作为城市建设的重要功能单元，城市公共物品缘起于城市建设的伊始，城市的空间结构与公众需求对城市公共物品的功能提出了更高的要求，但城市公共物品的研究起步较晚，仍缺乏标准化、系统化的功能建设规划。因此，韧性功能建设的出现及灵活应用弥补了城市公共物品的功能缺失和内容结构的欠缺。

（1）城市公共物品功能的研究进展

随着新型城镇化持续快速推进，城市人口和用地规模进一步扩大，以及气候变化、环境污染、生态过载、自然灾害风险要素频现，城市公共物品承载力以及应对外界自然和人为风险的压力与日俱增，加上城市公共物品功能陈旧、规划滞后、监管不力和基础设施老化，其脆弱性风险日益凸显。从城市公共物品功能建设的角度来看，其建设需符合标准的技术管理手段，在抵御灾害或突发事件时将风险控制在预定范围内，并在全寿命周期内满足城市运行的动态需求，保障城市安全系统正常运转和可持续发展的能力。从研究的目的和成果来看，关于城市公共物品功能的探索大致分为三个阶段，不同研究阶段的发展如表5-1所示。

表5-1 城市公共物品功能研究的发展

研究阶段	研究目的	研究视角	研究结论	代表性观点	代表人物
起步阶段	功能作用	现代城市景观设计	城市公共物品功能需要满足城市居民日常生活、购物、教育、文化娱乐、游憩、社会活动等需求	一个都市对其都市景观的重视与否，可从它所设置的街道桌椅的品质和数量上体现出来	陈传荣[151]
成长阶段	功能界定	城市环境设计	城市公共物品是城市规划建设设计中不可或缺的部分，协调各部门之间的统筹关系，并与区域城市空间特征相统一	城市公共物品在城市环境设计中的功能体现在装饰审美、实用性、文化传承	李志国[152]；陈宇[153]；王晓丹[154]
反思发展阶段	功能创新	城市公共物品反思情感设计	城市公共物品功能设计要与时代特色相结合	发挥金属材料强大的造型能力，将自然形态的有机曲线用于公共物品设计中	陈堂启[155]

通过表5-1可以概括如下结论：

① 关于城市公共物品功能的探讨，主要关注城市基础物品、城市公共服务物品、社区公共服务物品、城市防灾基础物品、城市形象设计等领域；

② 对于城市公共物品功能结构的分析，主要围绕城市公共物品的学理因由和功能设计方式展开；

③ 在解释城市公共物品功能缘起时，主要从城市公共物品的技术操作、运营流程等内部刚性因素向城市区域资源整合等外部弹性关系结构推移；

④ 城市公共物品功能研究的切入点在不断变化，从规范的技术设计层面转到创新型的形象美观再回归于以人为本的技术设计。

（2）城市公共物品韧性功能研究的创新实践动因

通过对城市公共物品功能发展的研究可以看出，城市公共物品功能建设与韧性概念的发展有着密切联系。2002年，随着ICLEI（倡导地区可持续发展国际理事会）将韧性概念在联合国可持续发展全球峰会上提出，韧性治理被应用于各系统的运营与管理中，来调和各类冲突活动和利益过程。其中不仅包括城市由脆弱性向韧性的转型（如弹性城市、海绵城市、智慧城市、可持续发展城市的建设），而且包括以韧性为主题的城市公共物品功能建设（如以韧性治理效能为标准的城市公共物品韧性治理）。韧性概念的切入广泛影响着城市公共物品功能发展的潜力和空间，城市规划界和国内外学者对相关研究给予了高度的重视。

城市公共物品功能建设需要韧性治理模式的导入。城市公共物品承载力以及应对外界自然和人为风险的压力与日俱增，加上目前功能陈旧、规划滞后、监管不力和基础老化，其脆弱性风险日益凸显，通常具有创新的理念、模式及路径，但缺乏实现创新的一个系统性的理论分析、自主建构和策略演绎，致使研究存在诸多局限和延展空间，需要应对风险的响应及快速恢复模式、全程智能预警管控处置系统、社会-政府良性互动回应机制、自组织调适功能设计等全面的针对性手段和方式选择。在没有公共物品完整的功能与内容结构的情况下，韧性治理可以成为公共物品功能建设的主要创新手段和方式。

面对公共物品功能建设的发展趋势，韧性治理模式对其表现出极大的吸引力，并对其未来的发展趋向规范化。其中，美国政府针对城市公共物品韧性治理颁布了一系列法规政策，包括1999—2003年在水污染领域实施并推广的第二代BMPs（骨形态发生蛋白）、1999年提出的绿色基础物品、2004年提出的《韧性城市建设规划》、2013年《一个更强大、更具韧性的纽约》《韧性评估指南》等；荷兰鹿特丹制定韧性城市计划，在城市应对气候灾害的恢复力上设定2020年实现不同领域在信息综合管理平台的顺利融合，在环境保护、基础物品韧性等方面完成对城市建筑、水系统的网络治理[156][32];英国城市公共物品韧性治理通过自下而上治理手段,各级政府都有其参与城市公共物品韧性治理的全空间尺度防御的程序,政策上发布《管理风险和增强韧性》,投资 23 亿美元应对洪水风险管理,技术上对能源物品完成更新改造,基于技术标准从生态学角度探究城市公共工程项目更新恢复路径,并评估应对灾害风险的能力与措施,以及城市公共物品承受事故与决策应对的应急效度。借鉴国外的建设经验,韧性治理理念正纳入我国新常态城市规划和建设范畴,成为公共物品功能建设的主旋律。

韧性治理对城市公共物品功能建设的理论运用成熟度仍然较低,但都涉及通过韧性治理实现对公共物品的功能提升、灾害有效应对等问题。不仅在城市公共物品的规划阶段,而且在运营管理阶段,城市公共物品功能的脆弱性及风险也引发了韧性治理模式的反思。与此同时,关于城市公共物品韧性功能发展的文献正处于起步阶段,随着城市公共物品功能发展的深入研究,其韧性已经成为城市公共物品功能研究的重要指标,其中,城市公共物品韧性功能逐渐发展成为城市发展理论的独立领域,城市公共物品功能建设水平的不断提高使韧性理论运用于城市公共物品领域成为必然。有关城市公共物品韧性功能的问题被广泛关注,并深入探讨,其中一些代表性研究的发展如表 5-2 所示。

表 5-2 城市公共物品韧性功能研究的发展

研究主题	基本结论	主要理论运用	代表人物
韧性城市规划理论塑造了韧性城市公共物品	临时性举措;桥梁纽带;重要手段	社区韧性理论;生态韧性理论;演进韧性理论	唐庆鹏[157];西明·达武迪[158];邵亦文,徐江[47]
灾害治理理论为城市公共物品功能推展了参照影像和创新治理构想	城市公共物品防灾减灾管理和韧性功能建设与灾害治理理论结合;对现行刚性体制开辟新的能力建设构想	灾害学理论;灾害社会学理论;防灾减灾综合理论	申曙光[159];蔡騲[160]
风险脆弱性理论对城市公共物品韧性功能研究进行了深入的理论阐释	风险脆弱性是风险评估的核心要素	城市风险理论;脆弱性理论	周扬,李宁,吴文祥[161];张立超,刘怡君,李娟娟[162];Adger W N[163]
城市公共物品韧性功能发展的能力、关系、环境,必然要求融合与增进公共物品韧性建设	全面调动社会资源,从城市系统认知与学习的层面建立城市公共物品韧性功能发展模式	社会资本理论;组织学习理论;经济地理学及可持续发展理论	布迪厄[164];March J.G.、Simon H.A.[165];James Simmie, Ron Martin[166];Ahern, Jack F.[167]

通过表 5-2 可以分析得出:

① 韧性治理理论在城市公共物品功能建设中，强调对周期性风险冲击的承受能力、重组能力，以及维持基本功能、结构的自我调节能力，强化城市公共物品的减灾能力建设，打破城市公共物品功能建设的固有模式，完善城市应急预案系统构建，为城市公共物品功能发展开启了新模式。

② 城市公共物品韧性功能建设需要与灾害学等学科相结合，利用其机理将防灾减灾纳入城市公共物品韧性功能建设规划中，通过防范、预测及评估完善城市治理系统，并据此提高城市公共物品的恢复力，最终达到城市公共物品韧性功能建设的目的。

③ 从脆弱性、承载力等理论视角分析城市公共物品韧性功能建设的机理，探索城市公共物品韧性功能建设的内在逻辑和分析框架，为城市公共物品韧性功能建设提供理论指导，并从自然、社会、技术和管理等系统梳理城市公共物品脆弱性因素，保障城市公共物品功能建设系统的稳定与平衡。综上可见，城市公共物品功能发展的研究与韧性概念有密切的联系，城市公共物品韧性功能建设实践体现对韧性理论的需求。

5.1.2　韧性城市规划理论

唐庆鹏[157]、西明·达武迪[158]、邵亦文，徐江[47]等学者提出韧性城市规划理论塑造了韧性城市公共物品。城市公共物品韧性功能建设不仅是城市公共物品系统应对经济动荡、自然灾害以及社会变化等扰动的临时性举措，而且是将公共物品功能规划技术与社会治理串联在一起的重要桥梁纽带，是实现城市公共物品韧性的物质技术与社会治理整合的变革性规划的重要手段。当前这些理论主要应用在社区韧性理论、生态韧性理论、演进韧性理论。

5.1.3　灾害治理理论

申曙光[159]、蔡骥[160]等学者提出灾害治理理论为城市公共物品功能推展了参照影像和创新治理的构想。灾害治理理论对于城市公共物品功能的创新具有推动作用主要强调城市公共物品致灾成因及减灾防灾韧性功能建设，将城市公共物品防灾减灾管理和韧性功能建设与灾害治理理论结合，对贯穿于城市公共物品韧性功能研究过程的现行刚性体制开辟了新的能力建设构想，并提出这些理论在灾害学理论、灾害社会学理论与防灾减灾综合理论等理论的研究都起到了关键的作用。

5.1.4 风险脆弱性理论

周扬，李宁，吴文祥[161]；张立超，刘怡君，李娟娟[162]；Adger W N[163]等学者对风险脆弱性理论对城市公共物品韧性功能研究进行了深入的理论阐释，在城市公共物品韧性功能建设中，风险脆弱性体现在城市公共物品韧性结构功能对灾害损失程度的承受能力，是风险评估的核心要素，对风险脆弱性理论的进一步阐释也助推了城市风险理论与脆弱性理论的进一步深入研究。

5.1.5 其他相关理论

布迪厄[164]；March J.G.，Simon H. A[165]；James Simmie，Ron Martin[166]；Ahern，Jack F[167]等学者认为城市公共物品韧性功能发展的能力、关系、环境，必然要求融合与增进公共物品韧性建设，主要是通过投资合作、协商管理、资源管控以及人的能动性等方式调动社会资源，开展城市公共物品韧性功能建设，从城市系统认知与学习的层面建立城市公共物品韧性功能发展模式，主要应用于社会资本理论、组织学习理论、经济地理学及可持续发展理论。

5.2 城市公共物品韧性治理基本原理

5.2.1 趋优循环原理

趋优循环原理指社区安全系统趋优发展和良性循环发展，其核心内容是社区安全韧性不仅要充分发挥社区内系统的联动性、网络性、协同性，还要对城市间、区域间、社区间的包容关系给予清晰的认知，从而实现城市社区安全韧性系统内核的完整性、关联性、合理性、完善性，并形成与系统外核相耦合的复合共生安全韧性体系。因此，趋优循环原理具体包括系统原理和包容原理。

系统原理不仅表现在社区安全韧性系统内容的完整性和关联性，还体现出系统结构功能的合理性和完善性。一方面，完整关联的系统内容显示出社区安全韧性的规划建设，不仅应注重社区安全韧性系统物质空间的建设，而且还应着重社区安全韧性设施环境的培育；不仅应致力于社区安全韧性各网络系统自身的建设，还应着眼于社区安全韧性网络系统间的联动效能提升；不仅应重视眼前亟须的社区安全系统内容建设，还需勾勒出社区安全韧性系统全域治理的内容图景。另一方面，合理完善的系统功能结构凸显出社区安全韧性的规划建设应当以组织领导、危机处理、信息支持、绩效管理、监督监管等社区安全系统功能的角度为切入点，促使社区安全韧性的规划建设实现组织职能精细分工、风险预警精准定位、信息传播网络精密、安全韧性评估精确、监督考察动态反馈等系统功能。

包容原理蕴含着区域间、城市社区间的连带效应和共生关系，强调社区安全韧性治理多样态、安全韧性系统融合性、安全韧性协同联动性。具体而言，第一，社区安全韧性建设必须在城市、区域与社区之间构筑有机耦合的经济、社会、文化、生态联系及复合网络。如通过"社区—城市—区域"安全韧性治理体系的统筹规划和建设，使社区安全资源能为"社区—城市—区域"复合循环利用。第二，社区安全韧性建设需要与城市、区域及社区共同构成以人的安全为本位，以安全韧性技术为依托，以社区多样化资源为命脉，以社区治理体系为经络的复合共生系统。第三，社区安全韧性建设应注意社区适宜性差别、尊重传统历史文化和增进居民认同参与感的社区类型特点决定社区安全韧性建设模式的多样性，应结合不同社区的特点、社区居民的实际需求进行适宜性的建设，增加社区居民的认同感和满足感。

5.2.2 风险调控原理

安全韧性社区作为韧性社区的一种安全韧性化转型，在探寻社区风险全域调控、精准识别、过程预警、动态反馈等安全治理阶段的规划建设需要以韧性原理为理论基石，探索符合韧性原理的社区风险调控功能定位、风险控制内容扩展、风险预警环境构建的社区安全韧性规划建设方略。由此，风险调控原理主要从风险功能调控和风险环境规避两个角度进行阐述，具体包括功能原理和双向原理。功能原理是指社区安全韧性规划建设中充分运用韧性原理，考虑社区的鲁棒性、谋略性、及时性和冗余性等功能特征，通过城市社区复合风险功能调控使社区社会、自然和安全系统协同联动，表现出社区安全韧性网络化功能体系建构，凸显出社区适灾性基础设施功能建设，展现以社区安全韧性为导向的社区功能空间设计。

① 社区风险治理功能结构模式结合韧性。社区风险治理功能结构模式是社区安全韧性系统结构功能的内容框架，其安全韧性化的功能结构有利于参与主体职能细分、治理机制功能完备、治理过程协调有序，决定了社区安全系统内核的功能分布格局和治理样态。具体而言，社区安全韧性治理功能结构模式应与社区区域位置条件、气象水文条件等自然环境功能相关联；与社区风险影响力、硬件支撑力、组织合作力等社区适宜性物质功能相契合；还应构建社区安全韧性功能系统向城市、区域延伸的功能定位。

② 社区基础设施建设结合韧性。社区安全韧性的风险调控促进社区基础设施适灾性建设，社区安全韧性基础设施建构需要以社区民众安全为核心，充分借助社区内道路、河流、公园、小品等基本安全设施单元来设置防灾通路、应急避难所和预警指挥系统，发挥社区基础设施的气候韧性、交通韧性、能源韧性等要素功能，实现社区自然资源的循环利用、社区交通的可持续规划、社区整体安全系数的提升。

③ 社区空间设计结合韧性。社区安全韧性的空间设计主要是通过社区心理安全空间和设施安全空间的安全韧性化规划布局，增加居民参与式安全社区空间的营造，实现社区生态环境、人居环境、安全环境的改善。比如，上海塘桥镇社区"社区空间微更新计划"、武汉青和居社区"绿色驿站"等。

双向原理是风险调控原理的具体化，指在规划建设过程中应用"双向性"原理调控社区风险环境对社区的影响。一方面，从全过程规避社区风险的发生。根据"面向社区的全过程风险管理体系（COPRMS）"，安全韧性社区的全过程治理需要遵循自上而下与自下而上相结合的治理结构，需要强调全过程管理与分阶段实施相结合的治理手段，需要将社区风险管理与区域规划相结合，并综合各类风险采取精准实施策略。另一方面，提升安全风险应对响应、抵御、吸收、恢复及创新能力。与全过程规避社区风险相比，通过提升安全风险的响应能力、抵御能力、吸收能力、恢复能力和创新能力，不仅可以增进社区安全韧性的正向适应性循环，增加社区应对突发安全威胁或灾害的抵御力、适应力和恢复力，成为应对社区安全风险的安全韧性预警和防控的有效途径。安全韧性社区应增强城市社区"社区-生态"系统结构、功能和过程对外界干扰的稳定程度、受灾后社区恢复平衡能力、与外部环境协同共进能力以及社区安全系统自调节自组织能力的社区刚性、弹性、进化性、自组织性等不同层面来提升安全韧性社区的响应能力、吸收能力、恢复能力和创新能力。

5.2.3 路径调适原理

安全韧性规划路径的调适对安全韧性社区的实现尤为重要，路径调适原理强调结合现有社区规划建设体系，采取适宜的措施，逐步改善操作路径，促进安全韧性社区规划的实现，具体包括纵向迭代原理和横向共融原理，体现出社区安全韧性规划理念渗透社区各层面并产生迭代效应，凸显出社区安全韧性规划与社区总体规划的横向融合。社区安全韧性系统是一个网状、迭代、多级、多层次系统，具有复杂的结构。社区安全韧性规划建设的迭代原理作为协调社区多主体利益、优化社区功能分区配置、合理布局社区空间环境的规划战略的纵向迭代路径，需要在区域统筹规划、社区总体规划、社区分区功能规划、控制性详细规划、社区设计、修建性详细规划、社区专项规划以及社区建设整体设计和施工等层面都渗透韧性化、安全化、可持续的基本理念，并使各迭代进路关系协调、层次递进。协同共融原理通过横向融合促进路径调适，主要表现在社区安全韧性规划需要遵循协同共融原理，充分利用现有社区规划建设体系中的精华，使社区安全韧性的新理论、新思想与现有规划建设体系以及韧性社区的理论相融合，使其路径更具可行性和操作性。具体而言，包括以下几个方面：

① 社区安全韧性规划建设要与品质、活力、美丽、人文、和谐、安全社区建设相结合。社区安全韧性规划应从物质空间属性规划向区域属性、社会属性、生态环境属性和人文属性等聚合突破，实现更为全面、综合、统筹、完善的社区规划。

② 社区安全韧性的规划要与传统社区安全治理体系向融合，实现传统社区安全规划体系及制度在安全韧性社区视域下安全化、韧性化转型，以适应社区安全韧性的发展。

③ 社区安全韧性是在韧性社区的基础上的衍生，其理论内涵、规划建设及实施要符合韧性社区的理论与原理，并与韧性社区相融合。社区安全韧性是韧性社区的一种类型，是韧性社区发展的特定阶段的特定表现形式，意味着社区安全韧性具有阶段性特征。

因此，社区安全韧性的理论内涵、建设实施都应符合韧性社区的基本原理和根本准则,不能为了片面地追求韧性而忽视社区安全系统其他方面的安全性要求,否则将步入极端而失去意义。

5.2.4 技术保障原理

技术保障原理指应用可测度的社区安全韧性指标进行社区适灾性的测评,并通过韧性技术增强社区经济、社会、环境、管理等诸多方面的安全韧性,从社区"社会-生态"安全格局、社区资源集约利用、环境保护与改善、开发建设管控、技术手段支撑、法律规范和宣传教育等方面,构建具有适宜性的安全韧性技术体系,保障社区安全韧性规划建设和实施。一方面,通过可测度原理构建社区安全韧性测度指标体系与工具,提供定量、半定量的社区安全韧性数据支撑,将抽象的安全韧性、恢复性、可变性变为有形的可度量的概念。不仅助于社区安全韧性的规划者和政策制定者挖掘社区脆弱性的问题焦点、社区安全韧性治理的重点、社区安全韧性规划的反馈点、安全韧性建设转折点,有助于确定安全韧性社区建设的适宜条件、内容结构、安全格局,也利于判定社区社会、经济、生态、物质、制度等安全韧性要素是否有效发挥作用,从而制定相应的社区安全韧性方法战略、技术指导及建议策略,并映射到社区安全韧性的规划建设中。另一方面,借助韧性技术原理,探索社区 3S 技术(遥感技术、地理信息系统、全球定位系统)、开放道路地区、灾害仿真模拟等一系列韧性集成技术实现社区"安全化"和"韧性化",并具体表现为经济性、适宜性、高效性和层次性等特征。

① 经济性体现出社区韧性技术应充分考虑"成本-效益"关系,基于不同发展水平和建设阶段的社区,在分析各方面因素的基础上,积极探索低成本高效益的韧性技术。

② 适宜性强调韧性技术需结合社区特点,在优化、创新、实践传统社区安全治理技术的基础上,构建满足安全韧性社区建设的韧性技术。

③ 高效性表现在通过建立城市社区重大灾害的情景构建与推演平台、虚实结合动态交互的安全韧性技术平台,并将计算机、信息网络和人工智能及物联网、云计算等信息技术深度融合,形成智慧高效的社区安全韧性治理体系。

④ 层次性主要考虑社区安全韧性规划建设具有阶段性,并且韧性技术的"成本-效果"具有差异。

5.3 城市公共物品安全风险韧性治理功能价值与内容结构

5.3.1 城市公共物品安全风险韧性治理功能

（1）城市公共物品安全风险韧性治理功能缺失

如何从城市公共物品韧性功能现状出发，评测未来某一时间点或时间段城市公共物品的抵御能力、吸收能力与恢复能力，是城市公共物品韧性功能评估的问题着重点。目前城市公共物品韧性功能缺失主要有五种表现：规划设计滞后、结构失配错配、技术支撑乏力、评测识别失准以及与城市自身功能的契合缺失。

① 城市公共物品韧性功能规划设计滞后

韧性概念在城市公共物品功能研究的注入，形成了不同功能的城市公共物品的交叉，不仅提供满足公众享用的公共物品，而且其规划设计需要满足公众对公共物品功能的使用心理。然而由于缺乏对城市公共物品韧性功能的整体认识，或规划设计者过分迁就社会公众需求，致使城市公共物品韧性功能比较单一，虽然起步阶段规划设计符合城市规划发展的现状，但长期就会显示后劲不足。2013年，国务院印发《关于加强城市基础设施建设的意见》围绕城市道路、管网等公共物品，按照城市规划的总体要求，以"安全为重"为基本原则，加强城市基础设施建设，改善城市公共物品总量不足、标准不高和运行管理粗放等问题。

② 城市公共物品韧性功能结构失配错配

对于城市公共物品功能特别是韧性功能结构来说，传统的城市公共物品韧性功能在防灾减灾与抵御灾害的过程中还存在不足。原因不仅表现在城市公共物品韧性功能建设还处于起步阶段，不能通过成熟的韧性功能评估方法进行准确的评价，而且城市公共物品韧性功能研究更多表现在理论方面的"纸上谈兵"，能够通过实践展示给公众的，既不是产品共享和公共服务，也不是资源自取与公用设备，而只是一个尚未完善的研究计划书。因此，城市公共物品韧性建设与发展需要借鉴加密和修补的原理及时完善其功能结构，加密失配现象与修补错配现象双管齐下，改善城市公共物品韧性功能单一、资源浪费的综合现状。例如，城市某些社区只具有居住功能，需要统筹并引进教育、卫生、体育、休闲娱乐等资源，在丰富城市社区功能的同时减小公众出行的交通压力。

③ 城市公共物品韧性功能技术支撑乏力

物联网、大数据、云计算等新技术，不仅助力城市公共物品韧性功能技术的发展，同时暴露了城市公共物品韧性功能技术缺失的现状，城市公共物品韧性功能的安全风险评估成为城市公共物品韧性评价及增强的基础。城市公共物品韧性功能技术支撑乏力不仅表现在风险防控、应急管理、承灾载体等实践举措方面，而且对于风险评估、预测服务、分析决策等科技角度的支撑也比较薄弱。为构建稳定的城市公共物品韧性功能技术支撑系统，需要精细化城市公共物品风险动态评估技术，提高城市公共物品韧性维稳技术、公共场所监控预警技术、风险治理立体化技术、安全运营监测与保障技术、韧性功能综合安全评价与规划技术等，建立城市公共物品韧性功能情景构建与推演研究平台。可以借鉴国外的一些实践经验，如，2015年美国针对城市防灾及重大事故，构建韧性智慧城市；欧盟FP7项目关于城市空间安全，基于网络技术支撑系统，建立公共物品风险预测、分析与应急数据库。

④ 城市公共物品韧性功能评测识别失准

城市公共物品韧性功能评测首先要对韧性功能评测对象进行精准识别，但是从目前实践来看，识别真正韧性功能评测的对象本质上就属于难点，韧性功能评测对象识别失准的现象仍然是常态。为了显示韧性功能评测识别精准的显在绩效，管理者往往将有限的资源支持输送到公共物品基础较好的区域，进而城市公共物品韧性功能评测出现识别失准的乱象。因此，针对城市公共物品韧性功能评测识别失准的现象，首先，构建城市公共物品韧性功能长期发展的测评体系与工具，为以后公共物品韧性功能的量化或半定量评测提供基础理论依据；其次，对城市公共物品韧性功能进行规模化评测，通过对城市公共物品的空间格局分析，识别关注度高、脆弱性强的公共物品，使城市公共物品韧性功能建设与城市韧性建设规划相契合；再次，基于城市公共物品韧性功能评测指标，形成韧性功能建设的初步认知，从城市韧性规划战略层面提高城市公共物品韧性能力水平；最后，针对现有的城市公共物品功能开展韧性评测与空间尺度评估，提高城市公共物品韧性功能空间格局高效的脆弱性评测识别与精细化韧性功能建设规划。

⑤ 城市公共物品韧性功能与城市自身功能的契合缺失

对于城市公共物品韧性功能来说，作为城市整体系统的一个有机组成部分与城市自身功能的契合遇到了瓶颈。城市公共物品韧性功能建设需要服从并服务于城市功能，然而目前公共物品并没有在城市结构中准确定位，公共物品的自身功能结构虽然合理,但与城市规划和设计的规律相违背,如城市社区重复建设已有的城市功能物品,造成资源浪费。因此,城市公共物品韧性功能需要与城市自身功能相结合,公共物品与城市空间系统的特征结合也是为了适应城市功能的发展要求,因而二者之间的契合需要引起重视。

显然,传统的城市公共物品功能与城市自身功能的契合已经不再受到广泛关注,具体来看,公共物品韧性功能与城市自身功能的契合有两个前提:外界扰动下城市功能正常运行的能力和主要功能维持稳定。只有依托于韧性治理的城市公共物品才能适应城市空间形态和功能并与城市自身功能相契合,而城市公共物品功能与韧性融合的初期阶段尚未具备这两个前提。城市公共物品韧性功能以公共物品的目前消耗情况和未来韧性发展机会为依据,通过已有物品的恢复力和反脆弱性等功能特征来评测与城市自身功能的契合度。而传统的公共物品因为获取和利用的途径广泛,不能用于估量二者的契合度。既然传统公共物品与城市功能的契合方式已经不再适用,因此城市公共物品韧性功能需要寻找新的运行方式以突破与城市自身功能之间的空间限制。

(2) 城市公共物品安全风险韧性治理功能发挥

城市公共物品韧性功能建设还处于起步阶段,其研究与实践在坚持针对单一灾害预防向全方位防御转变,测评城市公共物品韧性功能价值关键在于考察城市公共物品韧性创意价值及其实现路径,即城市公共物品韧性功能找到了什么样的建设提升空间,有什么组织在以什么手段为改变城市公共物品高风险、不设防的状况而努力。因此,提升城市整体综合应对各类灾害的能力,对于城市公共物品韧性功能建设的初始来说,韧性创意价值、资源整合价值和协作方式价值是公共物品韧性功能价值测评的核心内容。

① 韧性创意价值

城市公共物品韧性可以视为城市自身的本领,在受到外界扰动时能够变通其非核心的属性来实现自身重组,从而适应并生存发展。韧性创意的价值在于通过提出恢复力、反脆弱性的新理论、新方法、新路径,促进公共物品功能的优化归置,满足民众最大幸福获得感。换言之,城市公共物品韧性创意提升并非需要加大公共物品的资金、专业技术人员等相关资源的投入,还可以通过重组公共物品自身功能结构的方式加以实现,这是城市公共物品韧性功能所能体现的韧性价值。因此,韧性创意是城市公共物品功能建设涉足韧性理念的第一要义。

② 资源整合价值

韧性创意付诸实践就必须进行资源整合。但城市公共物品韧性功能建设所需要的资源供给方是不确定的，需要政府、企业、社会、民众等资源所有者的协同合作与资源支持。在不能保证预期长效收益且又缺乏财政支持的现状基础上，只有重视韧性创意价值并主动与创意者共担资源整合后的风险参与者，才能为公共物品韧性功能建设进行资源整合与投入，资源整合的参与主体由此产生。参与主体对于城市公共物品功能建设韧性创意的认可与相互间的协同合作，是资源整合过程所体现出的特征，也是韧性创意能够付诸实践的必要条件。因此，资源整合是城市公共物品韧性功能价值的第二要义。

③ 协作方式价值

韧性创意与资源整合相结合，使城市公共物品韧性功能建设的实践得以实现。在实践过程中，城市公共物品功能建设的韧性目标诉求、资源整合标准和协同合作方式是评价城市公共物品韧性功能价值的基本依据。在城市公共物品韧性功能建设中，具有怎样的创新推展思想，吸引怎样的参与主体为了共同的目标而付出努力，努力的成效与标准是怎样的，尤其是各参与主体是如何进行资源整合，是否已经形成标准的职责分明、协同合作与权益配置的秩序和规则，将直接影响城市公共物品韧性功能建设的实践效果。因此，实践中各参与主体间的协作方式和运行组织结构是城市公共物品韧性功能价值的第三要义。

（3）城市公共物品的韧性功能实践

城市公共物品韧性功能的价值需要与之相适应的体现方式，才能将特殊的价值传输给政府、企业、社会组织、民众等各参与主体，从而获取各主体的理解、笃信以及支持。城市公共物品韧性功能价值的体现方式和参与主体测评公共物品韧性价值的方式，是城市公共物品韧性功能建设的两个展示角度，共同推进城市公共物品韧性功能建设实践的发展。

从实践情况看，城市公共物品韧性功能展示价值的典型模式是"宽猛相济"，即城市公共物品韧性功能建设策略刚柔兼施，标准在"宽容"和"严厉"之间寻求平衡。由于采取宽猛相济的方式，因此不乏相关的制度设计、法规条例和以人为本的政策体系，通过具体的标准规范与手段来吸引更多地参与主体。作为城市规划的重要组成部分，关于城市公共物品韧性功能的价值需要纵观城市整体的安全防御与布局并建立在城市整体视角上，从而整合各参与主体的力量形成协调、统一的网状功能体系。

在城市公共物品韧性功能价值展示的过程中，通过政府、企业、社会组织、民众等各参与主体之间的竞合与磨合，逐渐形成独有的"宽猛相济"模式，包括内容结构与形式、案例分析与检验、组织关系与考察等，能够帮助更多的公众了解与支持公共物品韧性功能建设，规范各参与主体的行为方式并帮助各参与主体预估与评测公共物品韧性功能的前景和价值。正是形成的这套独有的"宽猛相济"模式，构成了城市公共物品韧性功能的内容结构和作用支点。英国在城市公共物品韧性功能建设过程中，专门评测了公共物品应对灾害风险的能力与措施和承受事故与决策应对的应急价值功能。其中：对于城市公共物品韧性功能价值来说，传统公共物品价值评估的依据如资金、技术、法律、法规、制度、社会价值取向等都不是关键；政府、企业、媒体及专职人员等参与主体在没有实际案例借鉴的情况下，仅凭极具吸引力的伦敦适应计划和发布的相关政策文件，就采取一系列措施快速应对洪水风险管理。这是由于这个未来计划为各参与主体提供了一个具有"诱惑力"的韧性功能价值展示的典型模式，能够预期城市公共物品韧性功能在未来城市中所展现的全空间尺度防御形式。

因此，在城市公共物品功能建设中，韧性理念以其独有的内容结构和特征属性提供了公共物品功能价值的评估框架，为政府、企业、社会组织、民众等多元参与主体之间的竞争合作搭建了信息综合交流平台。

5.3.2 城市公共物品安全风险韧性治理内容结构

（1）城市公共物品功能结构

韧性理念对于城市公共物品功能价值的评估框架，通过灾害风险预算、抗灾能力数据分析、应急物品维护更新、安全性能评估、开设韧性教育培训等多重指标要素体现，形成城市公共物品韧性功能的内容结构。公共物品的概念最早起源于20世纪30年代，"公共工程"对策提出，20世纪50年代"infrastructure（基础设施）"作为军事用语出现，公共物品的内容结构还在不断变化。世界银行出版的《1994年世界发展报告》对基础物品进行系统性研究，并将其分为经济和社会两大基础物品类型。贝克尔和舒尔茨同样把城市公共物品分为核心公共物品和人文公共物品。上述两种对城市公共物品概念界定，试图通过城市经济与社会发展的动态需求为媒介，分析公共物品在城市功能安全活动的基本内涵、评价和全寿命周期内的运行结构，丰富和发展城市公共物品功能理论体系。

1973 年，Holling C S 首次将"恢复力"概念引入生态学研究[45]，现如今已被广泛应用于工程技术、安全建设规划、防灾承灾管理、生态环境演变应急响应等多学科领域。有鉴于 1984 年 Pimm 提出的"工程恢复力"[168]，城市公共物品功能恢复力包括：系统全域稳定性、功能维护有效性、运行状态跃迁性。与此相似，MCEER 针对地震恢复力，提出 TOSE 维度空间模型[169]，鉴于此，城市公共物品功能恢复力包括四方面的内容：技术承灾表现状况、管理决策行为评测、社会服务回复能力、经济受体损失衡量。这些概念界定的特点在于，把城市公共物品功能的内容结构从自身理论体系拓展到外部恢复力因素分析，关注外界灾难与事故的突发扰动对公共物品功能稳态的影响。显然，这是城市公共物品功能运行模式的特点。

随着对城市公共物品功能的深入研究，公共物品"低端化"、专业人员"空心化"、风险预测"迟滞化"、规划建设"边缘化"等重重困境，加剧了公共物品功能的脆弱性，削弱了公共物品抵御风险扰动的能力和灾后恢复力，提出"反脆弱性"的建设理念。McEntire 认为，反脆弱性是以脆弱性为导向的发展模式，以此降低经济、社会、政治等扰动对公共物品功能的发展障碍。国内学者李雪萍从风险与脆弱性关系的角度切入，从三大环节提出脆弱性的分析框架，分别由风险存在及扰动、脆弱性感应、脆弱性调整与适应构成[170]，从抗逆力视角出发改善公共物品功能的脆弱性。总体上，反脆弱性原理应用于城市公共物品功能，从内涵与特征上分为四个层面的内容。一是目的层，以减少风险对城市公共物品功能的影响，并提高自身抵御能力为目的；二是标准层，改变以公共物品功能整体发展为对象的行为标准，以削减城市公共物品功能脆弱性为城市发展的评测标准；三是理念层，强调多元主体共同参与公共物品功能发展的基本理念，注重多元主体在功能建设中的行动合力与内部主动性；四是手段层，以城市公共物品功能本身和外部资源链接的开发整合为反脆弱性的实现手段。这些观点的聚焦点在于，以城市公共物品功能发展的理念为支撑，把功能发展的运行环节与多元参与主体的积极作用相结合，以此说明公共物品功能的理论源泉和作用机理。

因此，关于城市公共物品功能内容结构的探讨，在剖析功能运行相关理论体系的基础上，逐步深入到关注公共物品功能的相关发展理念，强调相关功能要素与多元利益主体间的互动，丰富并完善城市公共物品功能内容结构。

（2）城市公共物品安全风险韧性治理内容结构

在关于城市公共物品功能内容结构的探讨中，Jha 等的意见具有潜移默化的影响。他们在2013年通过对城市韧性组成部分的论述，进一步对城市基础物品韧性、制度韧性、经济韧性、社会韧性进行了全面的概念界定。以此为基础，借鉴其他学者的研究成果，对城市公共物品韧性功能进行分析，可以建立公共物品韧性功能结构示意图（见图5-1）。

图5-1由六个基本模块构成：韧性功能价值、经济应对、目标发展、服务水平、环境保障、公共物品韧性功能结构。其中韧性功能价值是源动力，以韧性创意价值和参与主体的功能价值（资源整合与协作方式）为基石，通过经济应对、目标发展、服务水平和环境保障的相互协调与制约加以实现，最终以储备、适应和应对的能力结构决定公共物品韧性功能的内容结构。在此实现过程中，经济应对以其资源投入影响公共物品的储备能力，目标发展和服务水平分别以其建设状况和运行活动影响公共物品的适应能力，环境保障以其自身的驱动力影响公共物品的应对能力。从韧性功能价值到城市公共物品韧性功能结构的影响路径，体现了城市公共物品韧性功能的实现机理。

六大模块包含了十六个基本要素，即韧性创意、参与主体、经济结构、资本投入、效率水平、技术创新、营建与维护、反应与协调、法规体系、自我依赖与调节、风险分担与转移、城市建设、资源调控、储备能力、适应能力、应对能力。十六个基本要素以韧性创意对参与主体的理论支撑为起点，根据目标发展和服务水平的弹性运行要求，依托经济投入与环境保障的支持，建立城市公共物品韧性功能结构系统。在此构建过程中，经济投入与环境保障的支持功能，并不是以目标发展和服务水平的营建与维护、反应与协调、法规保障、自我依赖与调节、风险分担与转移为基石，而是以韧性创意所支撑的参与主体为基础。通过剖析参与主体之间的协作方式，以及在公共物品韧性功能结构中发挥的资源整合作用，分析各利益主体融合韧性创意从而实现公共物品韧性功能的实现路径，考察这一路径运行的实践现状，能够挖掘城市公共物品韧性功能的发展潜力，同时评测其价值前景。

由于韧性创意作为城市公共物品功能规划和实施中的基础导向是一种认知和学习能力，因此以韧性创意为公共物品韧性功能价值的缘起，体现了城市系统的特征。城市公共物品的有效整合或适应城市的随机变化，充分体现了城市公共物品的韧性功能，因此，公共物品能够以适当的手段吸收和缓冲扰动施加的影响，通过结构功能优化、调节与重组，有效提升公共物品韧性，保证其良好发展态势，实现功能运行稳态，其中韧性创意在公共物品功能架构的分析与评测中发挥重要作用。

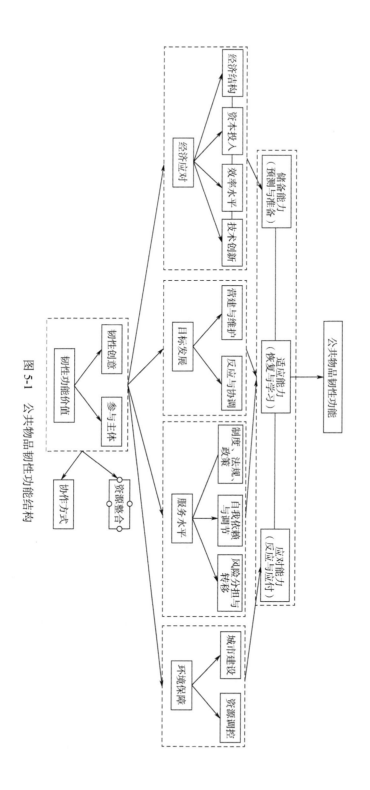

图 5-1 公共物品韧性功能结构

5.4 城市公共物品安全风险韧性治理现状与影响因素

城市公共物品韧性功能的特征属性、规划建设与供需现状是城市功能的重要影响要素。《成都行动宣言》指明了实现城市韧性的路线图。城市公共物品韧性功能是城市韧性建设中与民众生活最为密切的建设板块，是实现城市防灾减灾救灾与风险应急管理精准化的重要载体。从城市韧性的角度，城市公共物品韧性是指建成结构和物品脆弱性的减轻，同时也涵盖生命线工程的畅通和城市社区的应急反应能力[171]。因此，城市公共物品韧性功能可以定义为城市应对灾害时，公共物品抵御灾害、吸收损失并及时恢复到正常状态，且能够维持城市正常运转的能力。

国外学者对城市公共物品韧性功能的研究，构建了诸多韧性评价指标模型、方法，提出韧性评价指标[56]及影响因素。其中，韧性评价指标主要通过地震韧性计算法[57, 58]、"三阶段"韧性评价[59]、随机最优模型[18]等方法进行分析。城市公共物品韧性功能建设的影响因素包括自身物质系统、外部环境系统、物品建设组织运行系统和载体支撑系统等。国外的研究已经从单链的工程韧性开始转向网格化的演化韧性。

国内相关城市公共物品韧性功能的研究起步较晚，主要是基于城市脆弱性、公共安全风险治理分析、城市防灾减灾救灾等基础研究实现的。城市脆弱性研究主要分为外部和内部研究，即外部环境的应对能力和内部子系统的结构特征[172]；公共安全风险治理分析将风险分为常规、协调、目标、沟通四类，探讨治理路径与建设目标；城市防灾减灾救灾方面，主要基于2018年《关于推进城市安全发展的意见》，将城市安全作为重点关注的内容。现有研究从城市公共物品韧性的制度设计、空间策略与建构方法等不同角度，对不同国家或地区在不同发展阶段的城市公共物品韧性的理论渊源、评估指标等问题进行了探索研究，但针对城市公共物品韧性功能影响因素、障碍识别、路径选择等方面的研究相对匮乏。

近年来，许多城市纷纷开展大规模新增公共物品建设和改造更新，应对自然和人为突发事件造成的灾害风险积累与放大效应更为迫切，仅用传统的治理理念和空间配置难以满足城市的需求和实现公共物品韧性功能的灵活性目标，城市日渐凸显的风险因子与低端化的公共物品功能配置相悖。在此情境下，城市公共物品韧性功能建设已经不能局限于虚拟情景的思想研究,还需要考量实践过程中供给与需求之间的均衡性。了解城市公共物品韧性功能建设的供给和需求特征表现,提出与发展城市韧性当前面临困境相吻合的规划建议。因此,本书以天津市为样本,研究城市公共物品韧性功能建设的供给和需求特征,并研究公共物品韧性功能建设的影响因素。

5.4.1 研究区域与数据来源

(1) 研究区域

天津市作为北方最大的港口城市,土地总面积 119.19 万公顷(1 公顷=10^4 平方米)。选取天津市作为研究样本是因为:首先,发展较好的城市在推行韧性城市时有较好的资源基础条件,在原来防灾减灾救灾基础上,推行城市公共物品韧性功能建设的探索性调研更为可行;其次,城市越大,将面临更多的灾害风险挑战,更需要在大城市做城市公共物品韧性功能的探索,比中小城市更有价值;最后,本书样本区域没有选择三四线城市,是因为三四线城市基础较薄弱,韧性理念在原有资源的基础上能够更快地渗入,中小城市遭受风险影响损失较小。

(2) 研究方法及数据来源

在综合考量国内外关于韧性的相关研究基础上,本研究分别设计城市公共物品韧性功能建设的供给侧和需求侧调查问卷。本研究于 2018 年 4 月 6~9 日对天津市居民采取随机调研的方式,进行纸质问卷填写与网上问卷调查,并适时回收统计,共发放问卷 600 份,回收 600 份,供给侧与需求侧各 300 份,无效问卷 99 份,剩余有效问卷 501 份,有效率 83.5%。

城市公共物品韧性功能建设的实践中,供给链的各个环节与需求侧民众的基本利益相关度越高,那么,供给与需求的匹配度就越高,则效率越高;反之,城市公共物品韧性功能建设是无效率的。本书的研究主线如图 5-2 所示。

(3) 研究方法与样本特征

表 5-3 是调查样本数据特征统计。性别属性上女性远大于男性,女性占比 60.18%,男性占比 39.82%。年龄构成主要集中于 20~30 岁之间,占调研样本的 86.73%,反映出城市公共物品韧性功能建设的关注人群趋于年轻化。从月收入水平来看,以低收入者为主要调研对象,而高收入者所占比例相对低。从文化程度来看,大学专科以上的高学历者所占比例较高,为 91.14%,反映出高学历者更乐于关注

公共物品韧性功能建设。调查中，所占比例较高的职业是学生（44.25%）和企业职员（38.94%）。

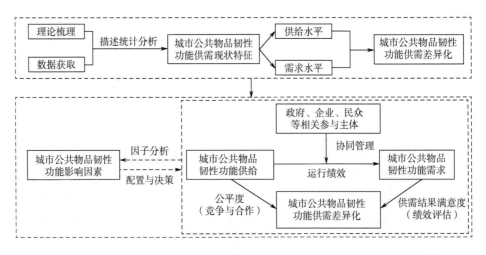

图 5-2　研究主线

表 5-3　调查样本数据特征统计

属性	项目	比例/%	属性	项目	比例/%
性别	男	39.82	月收入水平	3000 元以下	46.02
	女	60.18		3001~5000 元	20.35
年龄	20 岁以下	0		5001~10000 元	30.97
	20~30 岁	86.73		10000 元以上	2.65
	30~40 岁	5.31	职业	学生	44.25
	40~50 岁	1.77		企业职员	38.94
	50 岁以上	6.19		个体经营者	1.77
工作内容与公共物品相关	是	27.43		事业单位职员	7.08
	否	72.57		自由职业者	6.19
学历	初中及以下	4.42		离退休	1.77
	高中	4.42	在本市居住时间	一年以下	12.39
	大学专科	11.5		1~2 年	9.73
	大学本科	27.43		2~5 年	42.48
	研究生及以上	52.21		5 年以上	35.4

5.4.2 城市公共物品安全风险韧性治理供需现状

当前对于城市公共物品的分类尚未有标准的体系。按照城市公共物品功能的不同，大致分为城市市政工程物品（城市道路、桥梁、下水道、污水处理、路灯等物品）、公用事业物品（给水工程、供电、煤气、电讯、市区公共交通等物品）、园林绿化物品（城市公共绿地、专用绿地等物品）。世界银行出版的《1994年世界发展报告》对基础物品进行系统性研究，并将其分为经济和社会两大基础物品类型。贝克尔和舒尔茨把城市公共物品分为核心公共物品（交通、通信、能源等）和人文公共物品（卫生、教育等）两类，但更多地强调其生产、资本和效率等功能[56]。总之，恢复性、冗余性、多样性、坚固性以及高度的适应性等特征是城市公共物品韧性功能的基本特征表现。借鉴现有研究对城市公共物品的分类，并结合本样本的实际特征，选取城市市政物品、公共事业物品作为研究的主要类型。

（1）城市公共物品韧性功能供给特征

研究发现，天津市政府、企业等供给方对城市公共物品韧性功能建设的关注度较高，有超过半数的被调查者认为城市公共物品韧性功能建设的理念最重要的是多主体积极参与并合作、灵活有效应对快速突变风险，且供给方对城市公共物品韧性功能供给有较高的支持意愿，但也存在消极参与的行为，尚未形成标准化的供给体系，与需求方的对接仍存在盲点。

① 主动响应的韧性理念关注度不高

城市公共物品韧性功能建设的重要理念包括：风险精准管控、多主体积极参与与合作、灵活有效应对快速突变风险、由刚性的抵御对抗转变为柔性消解转化创新、主动响应和全过程动态弹性规划。调研发现，供给侧对于城市公共物品韧性功能建设理念关注现状如表5-4所示。仅仅有21.43%的供给者认为"主动响应"的理念在韧性建设中很重要，这可能是因为供给侧更偏向于管理者的思维，对主动性的要求不高。约57.14%的供给者认同"灵活有效应对快速突变风险"理念的重要性，约56.25%的供给者认同"多主体积极参与与合作"理念的重要性。因此，需要通过宣贯等活动，增强供给侧的参与意识，明确参与动机，提升响应能力，从而体现供给侧的主体作用。

表 5-4 供给侧城市公共物品韧性功能建设理念关注现状（N=259）

项目	风险精准管控	多主体积极参与与合作	灵活有效应对快速突变风险	由刚性的抵御对抗转变为柔性消解转化创新	主动响应	全过程动态弹性规划
频数	127	145	148	122	55	122
占总/%	49.11	56.25	57.14	47.32	21.43	47.32

② 城市公共物品功能的韧性水平仍需提高

城市公共物品韧性功能建设韧性水平的具体表现为：与韧性理念的融合程度、建设的标准化程度、政府支持程度、资金投入水平、民众整体满意度。调研发现，供给侧对于城市公共物品韧性功能韧性水平的现状了解情况如表 5-5 所示。仅有 7.5%的供给者认为韧性水平很高，可能是因为所在区域恰好处于韧性建设的示范区，造成体验错觉；有 21.8%的供给者认为韧性水平比较低，可能是因为被调研者恰好生活在城市边缘区域，整体的公共物品韧性水平不能满足需求，政府关注度较低。因此，需要在城市公共物品韧性功能建设的初期，保持本地物品原有韧性的基础上，引进先进的专业技术及人才，组建管理队伍，建立能够应变突发状况的公共物品韧性功能结构。

③ 城市公共物品的韧性能力前景可观

城市公共物品韧性功能建设的韧性能力表现在：专业化能力水平、应对灾害快速响应能力、抗灾救灾协同能力、应对灾害的总体预防能力。调研发现，如表 5-5 所示，只有 19.7%的供给者认为城市公共物品韧性功能建设的韧性能力尚未达到预期的满意效果，可能是因为城市公共物品韧性功能建设的实践过程中，没有实现全域覆盖，风险不能达到精准捕捉；而 80.3%的供给者认为城市公共物品韧性功能建设已经取得了阶段性的成果，可能是因为 2017 年《天津市综合防灾减灾规划（2016—2020 年）》，文件的印发已经约束并规范了城市公共物品韧性功能的建设标准，取得的成果有目共睹。因此，需要获得政府及部门的政策支持，将城市公共物品韧性功能建设标准化，能够达到事半功倍的效果。

④ 韧性管理水平整体较强，但仍有薄弱区域

城市公共物品韧性功能建设管理水平的衡量标准为：韧性运行机制的完善程度、韧性方案规划设计水平、运行维护水平。调研发现，如表 5-5 所示，仅仅 21.1%的供给者认为城市公共物品韧性功能建设的管理水平偏低，可能是因为韧性功能建设缺乏标准的体制机制，尚未形成一个完整的运行管理体系；而有 78.9%的供给

者认为管理水平已经达到了预期标准。可能是因为，在缺乏一个标准管理体系的前提下，城市公共物品韧性功能建设的管理还能取得现在的绩效，不仅满足民众需求，还能在突发事件下发挥自身功能特性而正常运行。因此，必须建立标准的应对机制，融合理论、技术、管理等知识手段，转变决策理念，形成风险管理的独立部门机构。

表 5-5　供给侧样本数据描述性分析（N=259）

问项	被调查对象的回答结果					
	回答项	很低	较低	一般	较高	很高
Q1.您认为韧性理念与城市公共物品功能建设的融合程度	频数	5	32	120	81	21
	占总/%	1.79	12.5	46.43	31.25	8.04
Q2.您认为城市公共物品韧性功能建设的标准化程度	回答项	很低	较低	一般	较高	很高
	频数	7	39	125	69	19
	占总/%	2.68	15.18	48.21	26.79	7.14
Q3.您认为政府对公共物品韧性功能建设的支持程度	回答项	很低	较低	一般	较高	很高
	频数	91	16	92	108	32
	占总/%	3.57	6.25	35.71	41.96	12.5
Q4.您认为城市公共物品韧性功能建设的资金投入水平	回答项	很低	较低	一般	较高	很高
	频数	12	48	88	88	23
	占总/%	4.46	18.75	33.93	33.93	8.93
Q5.您对城市公共物品韧性功能建设的整体满意度	回答项	很低	较低	一般	较高	很高
	频数	12	39	125	74	9
	占总/%	4.46	15.18	48.21	28.57	3.57
韧性水平小计	频数	127	174	550	420	104
	占总/%	9.2	12.6	40	30.5	7.5
Q6.您认为城市公共物品功能建设的韧性专业化能力水平	回答项	很低	较低	一般	较高	很高
	频数	5	46	102	90	16
	占总/%	1.79	17.86	39.29	34.82	6.25
Q7.您认为城市公共物品应对灾害快速响应能力	回答项	很低	较低	一般	较高	很高
	频数	14	46	95	76	28
	占总/%	5.36	17.86	36.61	29.46	10.71

续表

问项	被调查对象的回答结果					
	回答项	很低	较低	一般	较高	很高
Q8.您认为城市公共物品的抗灾救灾协同能力	频数	9	44	102	88	16
	占总/%	3.57	16.96	39.29	33.93	6.25
Q9.您认为城市公共物品应对灾害的总体预防能力	回答项	很低	较低	一般	较高	很高
	频数	5	37	104	88	25
	占总/%	1.79	14.29	40.18	33.93	9.82
韧性能力小计	频数	33	173	403	342	85
	占总/%	3.1	16.6	38.8	33	8.2
Q10.您认为城市公共物品的韧性运行机制的完善程度	回答项	很低	较低	一般	较高	很高
	频数	21	46	104	72	16
	占总/%	8.04	17.86	40.18	27.68	6.25
Q11.您认为城市公共物品的韧性方案规划设计水平	回答项	很低	较低	一般	较高	很高
	频数	14	32	118	88	7
	占总/%	5.36	12.5	45.54	33.93	2.68
Q12.您认为城市公共物品韧性的运行维护水平	回答项	很低	较低	一般	较高	很高
	频数	14	37	115	79	14
	占总/%	5.36	14.29	44.64	30.36	5.36
韧性管理小计	频数	49	115	337	239	37
	占总/%	6.3	14.8	43.3	30.7	4.7

⑤ 监管平台建设的关注度相比之下比较低

城市公共物品韧性功能平台建设包括：风险监测平台、风险预警平台、风险响应及应急处置平台、信息共享平台、监管平台等。调研发现，供给侧城市公共物品韧性功能平台建设现状如表5-6所示。对于城市公共物品韧性功能平台建设，供给侧普遍认为风险监测平台、风险预警平台、风险响应及应急处置平台、信息共享平台比较重要，比例分别为74.11%、76.79%、78.57%和73.21%，可能是因为供给侧更注重风险防控，将风险防控的平台运用到城市公共物品韧性功能平台建设中，使之发挥更大的作用；而对于监管平台的建设只有55.36%的支持率，可能是因为供给侧认为当前已经具备完善的监管体系，不需要把侧重点倾向于监管平台的建设，或者供给侧认为城市公共物品韧性功能平台具有很大的随机性，若是受限于监管平台，城市公共物品韧性功能建设会受到更多的约束，不利于风险的及时防控。因此，供给侧作为管理者，需要衡量各类平台建设，从不同的视角分析并评估效果，保证平台建设的动态平衡。

表 5-6 供给侧城市公共物品韧性功能平台建设现状（N=259）

项目	风险监测平台	风险预警平台	风险响应及应急处置平台	信息共享平台	监管平台	其他
频数	192	199	203	189	143	16
占总/%	74.11	76.79	78.57	73.21	55.36	6.25

⑥ 城市公共物品韧性功能建设需要更多的韧性手段约束

城市公共物品韧性功能韧性手段包括推进手段和推进机制，推进手段具体表现为：政策支撑、法律保障、资金激励、技术推动、公私合作、平台建设、动员宣传。推进机制具体表现为：多主体协同合作联动机制、风险预警监控机制、韧性评估反馈机制、全社会风险快速响应机制、动态弹性系统规划机制。调研发现，供给侧城市公共物品韧性功能韧性手段现状如表 5-7 所示。推进手段中"动员宣传"的关注度仅为 6.25%，这可能是因为供给侧将更多的关注点放在政策、法律、资金、技术等支持手段，而对于宣贯缺少关注，若长期发展将会给城市公共物品韧性功能建设的推进造成困难；推进机制中各种机制的关注度基本持平，而动态弹性系统规划机制的比例仅为 35.71%，这可能是因为供给侧认为城市公共物品韧性功能建设的全过程更为重要，导致对前期规划关注度的略显不足。因此，供给侧不仅需要加强对城市公共物品韧性功能建设前期规划的机制进行完善，而且对于后期的动员宣传也要进行持续关注，以此保证城市公共物品韧性功能建设的顺利推进。

表 5-7 供给侧城市公共物品韧性功能韧性手段现状（N=259）

推进手段	政策支撑	法律保障	资金激励	技术推动	公私合作	平台建设	动员宣传
频数	196	115	159	139	48	69	16
占总/%	75.89	44.64	61.61	53.57	18.75	26.79	6.25
推进机制	多主体协同合作联动机制	风险预警监控机制	韧性评估反馈机制	全社会风险快速响应机制		动态弹性系统规划机制	
频数	199	162	132	136		92	
占总/%	76.79	62.5	50.89	52.68		35.71	

(2)城市公共物品韧性功能需求特征

研究发现,需求侧对城市公共物品韧性功能建设的关注现状,有超过半数的被调查者认为城市公共物品韧性功能建设的理念最重要的是风险精准管控、多主体积极参与与合作、灵活有效应对快速突变风险、由刚性的抵御对抗转变为柔性消解转化创新,但需求方对城市公共物品韧性功能建设存在消极参与的行为,与供给方的对接仍存在盲点。

① 需求侧对城市公共物品韧性功能建设的主动响应能力需加强

调研发现,需求侧城市公共物品韧性功能建设理念关注现状如表5-8所示。仅仅有25.66%的需求者认为"主动响应"的理念在韧性建设中很重要,这可能是因为韧性理念的推进还不完善,需求侧还不能完全自发地主动响应;而对其他理念的响应程度大致能保持平衡。因此,需要加强城市公共物品韧性功能建设的宣传与教育,提高需求侧的整体素质与专业技术水平,实现需求侧对城市公共物品韧性功能建设的主动响应。

表5-8 需求侧城市公共物品韧性功能建设理念关注现状(N=242)

项目	风险精准管控	多主体积极参与与合作	灵活有效应对快速突变风险	由刚性的抵御对抗转变为柔性消解转化创新	主动响应	全过程动态弹性规划
频数	118	124	116	126	62	96
占总/%	48.67	51.33	47.79	52.21	25.66	39.82

② 韧性水平整体有所提升,但部分稍显不足

城市公共物品韧性功能建设韧性水平的具体表现为:建设的总体水平、技术水平、各类公共物品韧性功能建设的均衡程度。调研发现,如表5-9所示,只有2.8%的需求者认为韧性水平很低,可能是因为被调研者正处于韧性建设的盲点区,所处区域的城市公共物品韧性水平较低,造成整体水平低下的错觉;有81.5%的需求者认为城市公共物品韧性水平比较高,可能是因为韧性水平整体有所提升,需求侧已经得到了便利。

因此,还需要加强城市公共物品韧性功能风险点的精准捕捉,提升公共物品韧性功能的整体水平,实现区域韧性水平全覆盖。

表 5-9　需求侧样本数据描述性分析（N=242）

问项	被调查对象的回答结果					
	回答项	很低	较低	一般	较高	很高
Q1.您认为城市公共物品韧性功能建设的总体水平	频数	4	39	114	66	19
	占总/%	1.77	15.93	46.9	27.43	7.96
	回答项	很低	较低	一般	较高	很高
Q2.您认为城市公共物品韧性功能建设的技术水平	频数	4	39	107	75	17
	占总/%	1.77	15.93	44.25	30.97	7.08
	回答项	很低	较低	一般	较高	很高
Q3.您认为城市各类公共物品韧性功能建设的均衡程度	频数	13	34	113	63	19
	占总/%	5.31	14.16	46.9	25.66	7.96
韧性水平小计	频数	21	112	334	204	55
	占总/%	2.8	15.4	46	28	7.5
	回答项	很低	较低	一般	较高	很高
Q4.您对公共物品韧性功能建设的接受程度	频数	4	15	88	105	30
	占总/%	1.77	6.19	36.28	43.36	12.39
	回答项	很低	较低	一般	较高	很高
Q5.您对城市公共物品功能建设的整体满意度	频数	4	32	105	77	24
	占总/%	1.77	13.27	43.36	31.86	9.73
	回答项	很低	较低	一般	较高	很高
Q6.您对城市公共物品韧性功能建设的主动参与程度	频数	32	49	86	62	13
	占总/%	13.27	20.35	35.4	25.66	5.31
建设意愿度小计	频数	40	96	279	244	67
	占总/%	5.5	13.2	38.4	33.6	9.2

③ 城市公共物品韧性功能建设意愿度仍需提高

城市公共物品韧性功能建设韧性意愿度的具体表现为：对公共物品韧性功能建设的接受程度、整体满意度、主动参与程度。调研发现，需求侧有 18.7%对城市公共物品韧性功能建设的意愿度不高，可能是因为需求侧对公共物品韧性功能的理解不够，习惯了传统的公共物品功能结构；需求侧 81.3%对公共物品韧性功能建设有很大的意愿，可能是因为韧性水平的提升，已经让需求侧有利可图，多数需求者有很大的意愿主动参与。因此，要加强城市公共物品韧性功能建设的推进手段，提高更多需求侧主体的接受程度及整体满意度，实现需求侧主体的主动参与。

④ 平台建设需要均衡发展

城市公共物品韧性功能平台建设包括：风险监测平台、风险预警平台、风险响应及应急处置平台、信息共享平台、监管平台等。调研发现，需求侧城市公共物品韧性功能平台建设现状如表 5-10 所示。对于城市公共物品韧性功能平台建设，需求侧普遍认为风险监测平台、风险预警平台、信息共享平台比较重要，比例分别为 76.99%、71.68%和81.42%，而对风险响应及应急处置平台和监管平台的积极性不高，比例仅为 58.41%和57.52%，可能是因为需求侧对平台的建设还不够了解，局限于传统治理过程中平台建设的内容，只对风险监测、预警和获得信息给予了较多的关注，却缺乏主动性的响应和约束性的监管，长期发展将会导致风险处置的机构混乱、方法固化且缺乏创新。因此，需求侧要积极响应城市公共物品韧性功能平台建设，及时传达自身需求和意愿。

表 5-10 需求侧城市公共物品韧性功能平台建设现状（N=242）

项目	风险监测平台	风险预警平台	风险响应及应急处置平台	信息共享平台	监管平台
频数	186	173	141	197	139
占总/%	76.99	71.68	58.41	81.42	57.52

⑤ 推进城市公共物品韧性功能建设的宣传力度要加强

城市公共物品韧性功能韧性手段包括推进手段和推进机制，推进手段具体表现为：政策支撑、法律保障、资金激励、技术推动、公私合作、资源支持、平台建设、宣传方式。推进机制具体表现为：多主体协同合作联动机制、风险预警监控机制、韧性评估反馈机制、全社会风险快速响应机制、动态弹性系统规划机制。调研发现，需求侧城市公共物品韧性功能韧性手段现状如表 5-11 所示。公私合作和宣传方式比例仅为 9.73%和6.25%，这可能是因为需求侧仍然把城市公共物品韧性功能建设当作大环境下的手段创新，并不认为与自己的生活息息相关，只需要约束性手段实施，却忽略了自身参与的重要性；推进机制中的各种机制关注度基本持平，尤其多主体协同合作联动机制比例达到 74.34%，这可能是因为需求侧认为只有标准机制的提前制定，才能保障参与利益。因此，不仅需要完善多主体协同合作联动机制，而且还要保障宣传工作的有效性，才能促进需求侧的主动参与性和积极性。

表 5-11 需求侧城市公共物品韧性功能韧性手段现状（N=242）

推进手段	政策支撑	法律保障	资金激励	技术推动	公私合作	资源支持	平台建设	宣传方式
频数	182	109	131	133	24	49	56	15
占总/%	75.22	45.13	53.98	54.87	9.73	20.35	23.01	6.25
推进机制	多主体协同合作联动机制		风险预警监控机制		韧性评估反馈机制	全社会风险快速响应机制	动态弹性系统规划机制	
频数	180		128		116	116	116	
占总/%	74.34		53.1		47.79	47.79	47.79	

（3）城市公共物品韧性功能供需差异

天津市作为城市公共物品韧性功能建设研究的样本选择，被调研者不仅包括公共物品的供给侧，主要为市政工程物品、公用事业物品、园林绿化物品的工作人员，而且也包括了公共物品的需求侧，主要是生活在天津市的居民，供给侧和需求侧对城市公共物品韧性功能建设的理解存在一定的分歧。

供给侧和需求侧对城市公共物品韧性功能建设理念的理解差异并不明显（见表 5-12），但对各理念的偏重点有所不同，供给侧更偏重于灵活有效应对快速突变风险，比例为 57.14%，而需求侧更偏重于由刚性的抵御对抗转变为柔性消解转化创新，比例为 52.21%，反映了供给侧偏向于对风险的应对，需求侧更希望化解风险。虽然二者的偏重点有所差异，但对城市公共物品韧性功能建设的目标是一致的。因此，需要提高供给侧和需求侧的主动响应能力，并构建完善的城市公共物品韧性功能建设的理念支撑体系，是实现城市公共物品韧性功能建设的基础理论支撑。

表 5-12 城市公共物品韧性功能建设中理念的供需差异现状

项目		风险精准管控	多主体积极参与与合作	灵活有效应对快速突变风险	由刚性的抵御对抗转变为柔性消解转化创新	主动响应	全过程动态弹性规划
供给侧	频数	127	145	148	122	55	122
	占总/%	49.11	56.25	57.14	47.32	21.43	47.32
需求侧	频数	118	124	116	126	62	96
	占总/%	48.67	51.33	47.79	52.21	25.66	39.82

在城市公共物品韧性功能平台建设方面（见表5-13），供给侧与需求侧在风险监测平台、风险预警平台和监管平台建设方面的意愿大致相当，但供给侧对风险响应及应急处置平台的建设支持程度明显高于需求侧的支持度，分别为78.57%和58.41%，对信息共享平台建设的支持程度供给侧又明显低于需求侧。这反映了供给侧希望民众对风险的及时响应和处置，却忽略了对信息的共享，导致了供给侧与需求侧信息的不对称，长期发展将会降低城市公共物品韧性功能建设的效率。因此，应保障信息共享与监管，保证供给侧与需求侧之间的沟通交流，实现城市公共物品韧性功能平台建设的多元化，提高整体效率。

表 5-13 城市公共物品韧性功能平台建设供需差异现状

项目		风险监测平台	风险预警平台	风险响应及应急处置平台	信息共享平台	监管平台
供给侧	频数	192	199	203	189	143
	占总/%	74.11	76.79	78.57	73.21	55.36
需求侧	频数	186	173	141	197	139
	占总/%	76.99	71.68	58.41	81.42	57.52

在城市公共物品韧性功能手段的推进方面（见表5-14），供给侧与需求侧的偏重点大致相同，但在公私合作方面有所偏差，分别为18.75%和9.73%。这反映了供给侧更推崇多元化的参与主体，希望更多的主体接受城市公共物品韧性功能建设，并积极地参与，而需求侧对城市公共物品韧性功能建设的接受度并不高，积极性不足。因此，需要加强对城市公共物品韧性功能建设的理论宣传与技术指导，在政策、法律、资金的支持下，激励更多的主体主动参与，并吸引多元社会组织及企业采取主动合作的方式支持城市公共物品韧性功能建设，实现城市公共物品韧性功能建设参与主体的多元化。

表 5-14 城市公共物品韧性功能韧性手段供需差异现状

项目		推进手段	政策支撑	法律保障	资金激励	技术推动	公私合作	平台建设	动员宣传
供给侧	频数		196	115	159	139	48	69	16
	占总/%		75.89	44.64	61.61	53.57	18.75	26.79	6.25
需求侧	频数		182	109	131	133	24	56	15
	占总/%		75.22	45.13	53.98	54.87	9.73	23.01	6.25

5.4.3 城市公共物品安全风险韧性治理影响因素

（1）城市公共物品韧性功能影响因素的理论分析

城市公共物品韧性是城市空间安全系统的一种内部固有态势，冗余、多样、高效、自治、强大、互依、适应、协作是其功能特性的具体表现[173]。城市公共物品韧性功能通过自身物质系统、外部环境系统、组织运行系统、载体支撑系统而被呈现，而这些影响因素又会通过具体的经济、社会、政策等影响因子作用于公共物品功能的布局与韧性[95]。总之，城市公共物品韧性功能受到外部扰动、人为扰动及缓速扰动等因素的综合影响[47]。

目前，对风险灾害情境下城市公共物品韧性功能的影响因素可以从以下4个方面进行分析。

① 从城市公共物品韧性功能自身特征角度，包括风险准备、风险应对、风险适应、风险恢复等特征属性。城市公共物品的自身物质系统是保证韧性功能基本供需的物质基础条件，也是影响公共物品韧性功能定位的物质前提。物质系统是城市公共物品必不可少的组成部分，而自身物质系统不能完成自我调适的过程，只能通过被改造进而适应风险，从而恢复其多样性的特征，以此表现其韧性功能[174]。

② 通过分析城市公共物品韧性功能的外部环境系统，包括自然环境、经济投入、社会资本、规划布局等，揭示公共物品功能的韧性缘由。

③ 研究城市公共物品韧性功能建设的组织运行系统，如政府监管、职能沟通、民众参与、体制机制等在城市公共物品韧性功能建设中的作用。

④ 通过对公共物品韧性功能的载体支撑系统进行剖析，包括专业化人才、监测预警技术、政策法规等，探索其在公共物品韧性功能发挥中的影响。城市公共物品韧性功能建设不仅需要结构性的硬件支撑条件，还需要完善教育培训、规划调整、风险管理及政策制定等软件措施。刘铁民风险监测预警不完善、管理办法落后、政策法规不健全、公众风险意识薄弱等都是影响城市公共物品韧性功能建设的具体原因[175]。

（2）城市公共物品韧性功能影响因素的指标构建

为了分析城市公共物品韧性功能建设的各因素影响大小，对影响因素分为4个方面，城市公共物品韧性功能影响因素指标如图5-3所示。

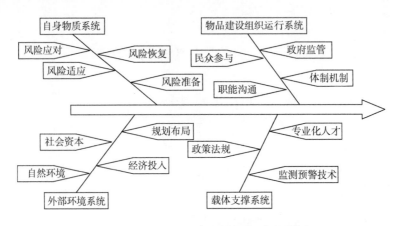

图 5-3 城市公共物品韧性功能影响因素指标

自身物质系统因素即城市公共物品韧性功能的自身属性，包括风险准备、风险应对、风险适应、风险恢复。外部环境系统因素包括自然环境、经济投入、社会资本、规划布局。物品建设组织运行系统因素包括政府监管、职能沟通、民众参与、体制机制。载体支撑系统因素包括专业化人才、监测预警技术、政策法规。在城市公共物品韧性功能建设影响因素的问卷中，选取 15 个影响因素，使用李克特量表形式，把影响程度分为很不赞同、不赞同、赞同、较赞同和非常赞同 5 个等级。

（3）城市公共物品韧性功能建设影响因素分析

① 实证分析

将调查问卷的影响因素数据进行原始数据处理，通过 SPSS 21.0 对有效问卷因子分析。在分析前，观察得出 15 个变量之间的相关性比较大。因此，经过检验得出巴特利特球度检验统计量（Bartlett's Test）的观测值为 2889.205，相应的概率 p 值接近 0；可以看出，KMO 值为 0.982 明显高于 0.7。从而，这组数据是可以进行因子分析的。通过主成分分析和极大方差旋转后的因子指标分析后，从 15 个指标中得出 4 个主因子，从变量相关系数矩阵的前 5 个特征值可以得出原始变量标准化方差 100.000%。因此，提取出来的 4 个主因子，主要用来将解释城市公共物品韧性功能建设的影响因子分为了 4 类，并给予 4 个主因子命名，以便对城市公共物品韧性功能建设进一步研究。

城市公共物品韧性功能建设的影响指标权重如表 5-15 所示。城市公共物品韧性功能影响因素旋转后因子荷载矩阵如表 5-16 所示。

表 5-15 城市公共物品韧性功能建设的影响指标权重

因子	特征值	方差贡献率/%	方差累计贡献率/%
1	8.365	55.768	55.768
2	6.264	41.762	97.529
3	0.317	2.113	99.642
4	0.054	0.358	100.000

表 5-16 城市公共物品韧性功能影响因素旋转后因子荷载矩阵

变量	自身物质系统	外部环境系统	物品建设组织运行系统	载体支撑系统
风险准备	0.634	0.470	0.071	0.019
风险应对	0.839	0.311	0.164	0.092
风险适应	0.624	0.475	0.104	0.012
风险恢复	0.834	0.443	0.094	−0.029
自然环境	0.355	0.923	0.146	0.028
经济投入	0.446	0.533	−0.006	0.008
社会资本	0.331	0.602	0.323	0.013
规划布局	0.463	0.597	0.017	−0.083
政府监管	0.492	0.375	0.561	−0.007
职能沟通	0.404	0.463	0.820	0.012
民众参与	0.386	0.273	0.671	−0.053
体制机制	0.499	0.462	0.590	0.098
专业化人才	0.240	0.458	0.042	0.520
监测预警技术	0.349	0.219	0.089	0.535
政策法规	0.443	0.221	0.126	0.554

第 1 个主成分因子方差解释的贡献率为 55.768%，在第 1 个因子中负荷大于 0.5 的项目有 4 个，包含了以下变量：风险准备、风险应对、风险适应、风险恢复。这几项都是城市公共物品自身系统风险的基础条件，因此命名为"自身物质系统"。

第 2 个主成分因子方差解释的贡献率是 41.762%，在第 2 个因子中负荷大于 0.5 的项目有 4 个，包含以下变量：自然环境、经济投入、社会资本、规划布局。这些都是建设城市公共物品韧性功能建设的必要条件，因此命名为"外部环境系统"。

第 3 个主成分因子解释的贡献率为 2.113%，在第 3 个因子中负荷大于 0.5 的项目有 4 个，包含以下变量：政府监管、职能沟通、民众参与、体制机制。这 4 项变量是在综合运行系统的视角对城市公共物品韧性功能建设的认知，因此命名为"物品建设组织运行系统"。

第 4 个主成分因子方差解释的贡献率为 0.358%，在第 4 个因子中负荷大于 0.5 的项目有 3 个：专业化人才、监测预警技术、政策法规。这 3 个变量都与城市公共物品韧性功能建设载体有关，因此命名为"载体支撑系统"。

② 用主成分因子解释城市公共物品韧性功能建设影响因素

因子分析得出影响城市公共物品韧性功能建设的主要因子有自身物质系统、外部环境系统、物品建设组织运行系统和载体支撑系统。其中，自身物质系统对城市公共物品韧性功能建设的贡献率最大，说明城市公共物品自身的特征条件是保证物品基本运行的关键。从实践现状来看，不仅需要标准化的制度建设，还需要管理部门的把控与支持，更需要资源有效配置、资金财政支持等。因此，在保证城市公共物品韧性功能建设发展的基础上，发展自身功能特征原动力，提高管理水平，完备标准化程序是建设城市公共物品韧性功能的基础条件。

外部环境系统主要表现在丰富的资源支撑作用。一方面，韧性理念的灌入成为了理论资源的落实与转型的关键，也优化创新了传统的功能建设理念；另一方面，城市公共物品韧性功能建设是政府及研究者尝试实践的新手段，也是对韧性城市建设与发展的响应。因此，自然资源的有效配置是城市公共物品韧性功能建设的基础支撑，多元主体的积极响应和资金支持也是建设公共物品韧性功能的有力保障。

物品建设组织运行系统体现了城市公共物品韧性功能建设的人本性特征，主要包括政府监管、职能沟通、民众参与、体制机制。人作为城市公共物品韧性功能建设的参与主体，既是供给侧的执行者，又是需求侧的感知者，沟通的技巧性在其中发挥重要的作用。调查显示，民众参与意识仍然薄弱，导致建设过程中掩盖了人的基本诉求，因而，加强韧性理念的宣传，维持供需平衡是城市公共物品韧性功能建设的价值体现。

载体支撑系统主要从专业化人才、监测预警技术、政策法规来体现对城市公共物品韧性功能建设的影响，随着韧性功能建设的融入，载体支撑系统显得尤为重要，公共物品韧性功能建设的发展需要依托载体系统来实现，这种现象可能更多地出现在公共物品韧性功能的薄弱区域，但仍然会辐射到周边更多区域。因此，载体支撑系统对城市公共物品韧性功能建设大多表现为间接影响。

第6章

城市公共物品安全风险韧性治理推展框架

6.1 城市公共物品安全风险韧性治理背景与模式演变

6.1.1 城市公共物品安全风险韧性治理背景

国家十三五规划（2016—2020年）纲要从建设海绵城市、城市防灾减灾、公共服务设施空间配置等层面响应了城市公共物品韧性功能供给的推展，强调公共物品供给的质量与数量，指出已有公共物品功能供给的标准化配建，实现公共物品功能供给的韧性化，解决公共物品空间供给的配置、保障与政策问题，促进城市优质公共物品资源向周边区域渗透。城市公共物品韧性功能供给是"反脆弱性""自恢复力""自适应性"等韧性理念在城市公共物品规划设计实践过程中的聚焦点，旨在设置人本位的供给运营方式，通过抵御、吸收、适应和恢复等韧性能力支撑，建造多元、包容、创新的城市公共物品韧性功能供给体系，纾解城市公共物品供给脆弱性、实现公共物品供给的模式创新等。深入研究推展城市公共物品韧性功能供给路径过程中的难题，对于推行韧性功能建设、促进城市公共物品供给模式更新具有深远意义。

城市公共物品韧性功能供给在诸多典型区域已经付诸实践,包括美国纽约、英国伦敦、德国柏林、荷兰鹿特丹等,都对此形成了固有的模式。目前,公共物品是我国城市设施的重要元件,其功能在供给过程中显得韧性不足,原因主要包括三个方面。一是城市公共物品功能自身的脆弱性在遭遇灾害压力或人为破坏时,不断给供给链条产生或带来新的症结。二是传统的城市公共物品功能供给的历史遗留问题,城镇化的蔓延揭露更多的公共物品功能供给设施投资不足,实践中造成诸多的问题与困境。三是城市公共物品功能供给的脆弱性将扰乱或破坏城市公共空间功能运行的秩序结构,公共物品功能彼此之间的依赖性将不利于供给转型的模块化。此外,在风险抵御、吸收、适应及恢复的应对层面,传统城市公共物品功能供给对城市安全也产生负面的影响。城市公共物品功能供给的脆弱性不止降低了城市面对灾害的承载力,而且本身的易损性会对城市安全运行系统造成破坏,对城市公共物品功能供给的恢复力形成很大挑战。

我国城市公共物品韧性功能供给还处在探索阶段,推广韧性理念是当前城市建设向适灾方向靠拢的必备思路。以城市公共物品韧性功能供给为切入点,探讨我国在推行实践过程中的矛盾与困境,可以为评估城市风险、公共物品脆弱性和冗余度提供一定的理论渊源和实践支撑。

6.1.2 风险治理视角下城市公共物品韧性治理演变

(1)轴线引导的带状模式发展

19世纪末到20世纪末正是城市公共物品建设与发展的关键时期,首先受到美国纽约"交通轴线向郊区扩展"的带状城市发展模式的影响,我国开始整合无序蔓延的公共物品功能供给格局。但步入21世纪以来,我国城市公共物品功能供给的脆弱性逐渐凸显,公共物品功能建设的规划布局逐渐强调发展的可持续性。在政府主导下逐渐尊重城市经济社会发展的规律,形成城市空间与公共物品功能供给相适应的局面。城市公共物品韧性功能供给与城市风险治理相结合,合理进行公共物品功能供给结构调整,形成沿交通、产业链等轴线布局的供给体系,政府等职能部门扮演供给轴线的协调机构。城市公共物品韧性功能供给轴线引导的带状发展模式,虽然能完成部分资源优化利用并整合配置,但不可避免地就削弱了整个城市风险治理系统的韧性,导致供给的区域性、利益化。因此,轴线引导的带状模式发展,对城市公共物品韧性功能供给的发展有一定的局限性。

（2）单项转多项的演变模式发展

风险治理对城市传统公共物品功能供给模式提出挑战的初期，首先借鉴了英国伦敦"单核心"的城市规划模式——"示范区"模式。但由于风险治理愈演愈烈的不确定性、不可预测性、复杂性等隐形特征，超出了任何单一区域公共物品功能供给能够稳定运行的可能。城市公共物品功能供给从单一化转向多元化，基于韧性治理的公共管理和城市治理理念，从韧性城市建设角度构建政府协同管理思路，鼓励共享式公共物品功能供给模式、参与式功能供给运行决策。通过单一化中心向多元化中心结构转型，各个中心通过独自进行公共物品功能供给模式建设与配置，并实施分区域独立发展。各区域要求公共或私人的机构和组织多元参与，吸纳基层社会社区居民和社会组织的内在活力，激发各利益主体的广泛参与性，公共物品功能供给的韧性特征在区域规划内达到相对平衡，减少不必要的区间流动。因此，城市公共物品功能供给结构布局比较合理，分化了风险的集中性。

（3）分散型的韧性网格模式发展

城市公共物品韧性功能供给的模式推展在国内外尚不成熟，最常见的模式是受到日本东京"一极一轴-多核多圈"城市圈演变模式的影响，通过城市公共物品功能多中心供给，形成"中心辐射副中心，分散统筹邻域"的网格型城市公共物品功能供给空间架构。减弱对中心示范区域的过度依赖，各级区域发挥自身特点，分工合作、各司其职、互为补充，共同发挥城市公共物品韧性功能供给的整体集聚和联动效应的优势。我国需要综合考虑城市自然、经济、社会和人文等不同风险因素，把控城市公共物品功能供给的不确定扰动，采用分散型的韧性网格聚焦城市公共物品功能供给对城市功能系统转换、变化、适应、响应、反弹和快速恢复能力，形成物质层面及社会层面耦合的功能供给体系建构。因此，实现公共物品功能供给有效抵抗风险扰动，快速恢复均衡状态，灵活适应变化压力，需要进一步完善多中心网格型的城市公共物品韧性功能供给结构。

6.2　需求侧到供给侧：城市公共物品韧性功能属性

从供给侧和需求侧剖析城市公共物品韧性功能供给属性（见图6-1），以需求侧公共物品属性、脆弱风险规避属性、结构适应属性等特征为基础，同时结合供给侧的能力、约束、管理、技术、政策等属性分析，构建城市公共物品韧性功能供给属性的六大构件：需求、能力、约束、管理、技术、政策，从而进一步分析推展城市公共物品韧性功能供给的框架。

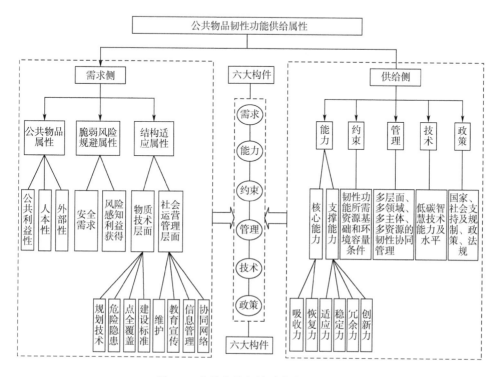

图 6-1 公共物品韧性功能供给属性

6.2.1 城市公共物品安全风险韧性治理需求侧属性

城市公共物品韧性功能逐渐成为学术界关注的热点问题，除了城市空间安全周期性面临紧急危机威胁缘由外，究其原因在于需求侧的三个本质特征，即城市公共物品韧性功能供给系统的承载能力与需求主体意愿的匹配度，公共物品韧性功能的自恢复能力和自适应能力能满足居民对生活环境稳定性的要求，以及公共物品韧性功能对需求者有一定提供风险的认知、判断和评价的能力。

（1）从公共物品天然属性分析

理论上对于城市公共物品功能是通过三个特征来界定的：一是公共利益性，指这些功能在城市功能空间的间接或直接的可分享性；二是人本性，指在深刻认识人的关键作用基础上，突出功能设计符合"以人为本"；三是外部性，指公共物品功能涉及范围广、影响面大、彼此依赖性强。

从公共物品的天然属性层面理解其韧性功能的一系列特征，首先，城市公共物品韧性功能的供给方需要充分考虑任何突发风险状况；其次，供需差异越大，城市公共物品韧性功能结构调整就越滞后，例如供给水平满足需求的区域，公共物品韧性功能结构就更趋于完善；最后，公共物品韧性功能区域凝聚力，区域内需求者发挥自身优势，"人尽其才"的聚合效应。我国城市推展城市公共物品韧性功能的难点主要集中在需求对象识别模糊、响应举措被动、参与主体分散、管理体系粗放等，因此，推展城市公共物品韧性功能过程中，必须切实明确参与主体在实践中的多元性、广泛参与性、主动响应化和综合协作化。

（2）从脆弱风险规避属性分析

城市公共物品韧性功能基于韧性的脆弱性致因分析，规避公共物品功能脆弱性风险在实践中遭遇的困境，如实现功能供给主体的多元化，功能响应的主动与快速性，供给过程的综合协作化，以及供给与需求的长效统一性。当前，在城市安全发展中传统的城市公共物品功能已经大致形成了运行雏形，供需双方不愿意接受功能的改革创新，而韧性则强调城市规划技术与建设标准的构建延伸，增强需求的结构适应性和空间满足感。在脆弱风险规避过程中，首先，可以实现传统城市公共物品功能与韧性功能的共生共存，即韧性的植入不仅解决了城市公共物品功能从"短期止痛"向"长期治痛"的转型，还有需求者的自助意识，需求者已经具备一定的防灾减灾意识。其次，脆弱风险规避为需求者创造更具韧性的安全需求空间环境，实现风险应急硬件功能建设与软件功能建设的相互整合。风险感知行为理论作为城市公共物品韧性功能的行为理论，以风险感知权衡利益获得为目标，解释公共物品韧性功能的重要性——降低风险产生的结果损失程度、压缩感知损失并降到需求者能忍受的范围、减少需求者感知风险产生的焦虑、延迟风险产生的不利行为并吸收损失。这四者共同维系城市公共物品韧性功能系统的稳定性、冗余度、自适应性和自恢复力，针对公共物品韧性功能所形成的城市感知风险测量模型，能够快速感知风险，有针对性地实施公共物品功能结构整改策略，避免资源浪费。

（3）从结构适应属性分析

研究发现，城市公共物品韧性功能强调规划技术、危险隐患、点全覆盖、建设标准等物质技术层面，以及维护、教育宣传、信息管理、协同网络等社会运营管理层面的系统构建过程，增强需求者对城市公共物品韧性功能的结构适应性。在物质技术层面，不仅要加强城市公共物品韧性功能的规划、设计、建设与管理，又要将这四个方面环环相扣，形成一个自适应力极强的稳定系统；在社会运营管理层面，不仅要考虑城市空间的安全性标准、需求者的便利性、公共物品功能的运行寿命及服务能力等，还要追踪韧性功能实践落实后的治理问题。对于城市公共物品韧性功能的推广而言，凸显自身优势并获得民众认可度，是推动形成民众参与机制的重要手段。在一个城市公共物品韧性功能建设比较完善的区域，既要组建成立民众自愿参与的支持团队，政府给予物质技术支持，也要打造韧性功能供给过程中不可或缺的风险防范共同体意识，还需要民众形成彼此信任、互帮互助的社交关系网络。

6.2.2 城市公共物品安全风险韧性治理供给侧属性

随着韧性城市的广泛关注，城市公共物品功能供给进入韧性转型时期，除了表现形式和影响范围与传统城市公共物品功能供给不同外，在供给侧逻辑运行上也有本质的区别，主要表现在供给侧对需求变化的适应性调整更加及时，聚焦薄弱点、靶向对接、精准施策，疏解城市公共物品功能中的无效与低端供给。

（1）从能力属性分析

城市公共物品韧性功能供给的特征呈现多样性：一是可控性，能有效控制灾害及次生灾害所产生的风险度，降低引起的严重后果；二是效率高，提高风险救援及灾害发生后恢复的效率，促使功能的正常运行；三是促进性，借鉴国外韧性城市的实践成功案例，促进城市公共物品韧性功能呈现螺旋式增长趋势。从供给侧理解公共物品韧性功能的特征，首先，公共物品韧性功能的核心能力是公共物品对风险的吸收力以及自身的恢复力，其供给过程就是通过吸收风险能力及灾后恢复力来提高供给系统的稳定性。其次，两个核心能力的建立需要公共物品自身所具备的支撑能力，包括适应力、稳定力、冗余力和创新力。城市公共物品韧性功能供给的聚焦点在于公共物品在供给侧韧性功能的规划建设及运营管理，要注意风险的吸收力、响应力和公共物品自身的自我恢复力、调试力，因此，需要加强风险的提前预警、灾害的提前预判，以及公共物品灾害发生前的主动积极的应急响应性和灾害后的创新、恢复性。

(2) 从约束属性分析

城市公共物品韧性功能供给的另一个重要支撑是优越的资源基础和环境空间容量，约束其功能发挥的是资源利用率和环境承载力，以及风险控制、空间拓展、功能布局等因素。当前城市公共物品韧性功能供给将城市空间环境作为物质基础，不愿意再给负重的城市增加压力，而所需资源的环境容量成为限制公共物品韧性功能供给的基础条件。在这种约束条件下，首先，明晰公共物品韧性功能供给现状，实现所需资源优化配置；其次，理顺公共物品韧性功能供给结构，衡量供给与需求确定其投入量；再次，通过环境保护、体制机制改革，推进公共物品韧性功能供给规范化运行；最后，以区域环境容量的差异，合理安排公共物品韧性功能供给结构与布局。效用价值理论作为城市公共物品韧性功能的一种经济价值理论，解释城市公共物品满足需求者的欲望能力及对公共物品效用的满足感。环境容量是民众生产生活不可或缺的所需资源基础，对民众有很大的效用，在城市公共物品韧性功能供给中运用效用价值理论可以得出环境容量是有价值的。城市公共物品韧性功能供给的环境空间稳定格局，将根据供给成本与所产生的边际效用，成为衡量供给与需求的一种约束。

(3) 从管理属性分析

突发灾害的严重与复杂性，暴露了城市公共物品功能供给在管理中的诸多问题，协同管理的发展将研究者引入韧性研究领域，郑艳、王文军等[176]分析了低碳韧性城市的协同管理与政策措施。协同管理将利益相关者的力量整合，积极参与公共物品韧性功能供给链条建设，通过信息传递及反馈，明确共同目标，对于增强公共物品韧性功能对风险的吸收力和恢复力有显著的效果。对于管理者和被管理者而言，时常寻求自身认同感和凸显身份标识，在暂不考虑政府干预的情况下，为衡量城市公共物品韧性功能供给的稳定性，需要在二者之间建立多尺度网络联结，形成多层面、多领域、多主体、多资源的韧性协同管理模式。在韧性协同管理模式下，既能保证管理部门的信息沟通反馈及时有效，也能对城市公共物品韧性功能供给结构进行适时调整，实现较短时间内捕捉风险关键点。

(4) 从技术属性分析

作为城市公共物品韧性功能供给侧的一个特征，需要研究相关低碳智慧技术能力及水平与韧性功能的融合，如风险评估精细化技术、防灾减灾救灾的监控预警技术、风险治理技术、供给链运行监测预警技术及运行保障技术、韧性功能综合评价技术等。城市公共物品韧性功能供给侧将技术作为关键的支撑，不仅要充分利用技术在城市公共物品功能供给中注入和增强韧性,而且从全方位、立体化的公共物品安全系统网络保障运行的安全性。在这种技术属性的基础上,首先,可以保障现有技术与创新技术的融合,即技术属性不仅满足了民众的基本需求,还能实现民众接受新事物的可能性。其次,其技术能力不仅为民众创造了舒适的生活环境,还能促进现有技术向创新技术的自然过渡。因此,低碳智慧技术能力及水平是城市公共物品韧性功能供给侧的关键技术支撑,是保障公共物品的安全及正常运行的基础条件,能够通过分析、研判与现实模拟,建立一系列保证供给的方法和工具。

(5)从政策属性分析

研究发现,政策约束下可以将城市公共物品韧性功能供给纳入韧性城市的统一计划之内,用规范的形态对供给的资金投入和组织行为进行约束,并加以保证,实现公共物品韧性功能供给的常态化与固定化,既能保证公共物品韧性功能供给的主体多元化,又能强调政府的主导和调控作用,更能保障供给过程的规范性和制度性。对于公共物品韧性功能供给政策来说,可以遵循"发现问题—结果导向—制度支撑"的供给逻辑:首先,供给中通过问题引导,制定相关政策,有效解决不确定因素;其次,供给主体以结果为导向,突破政策与制度禁锢,开拓创新思维;最后,为最大化保障制度的弹性,在供给过程中政策的问责性让位于目的性。在公共物品韧性功能供给中创造性地运用政策属性,能使公共物品功能在原有的制度下产生更多的韧性,从而适应来自经济、社会、自然灾害、风险等方面的挑战。

6.3 城市公共物品安全风险韧性治理推展框架及核心机制

6.3.1 城市公共物品安全风险韧性治理推展的分析框架

从需求侧和供给侧出发,结合城市公共物品韧性功能供给建设中的能力、约束、管理、技术和制度属性特性,从需求、运作、支撑和目标四大系统,基于韧性功能需求及风险波动预测、供给基础和条件约束,围绕公共物品韧性功能需求成本、治理模式、技术与制度支撑、灾害风险干预能力四方面构建公共物品韧性功能供给建设的推展分析框架(见图6-2),分析公共物品韧性功能供给的内在机制和综合影响。

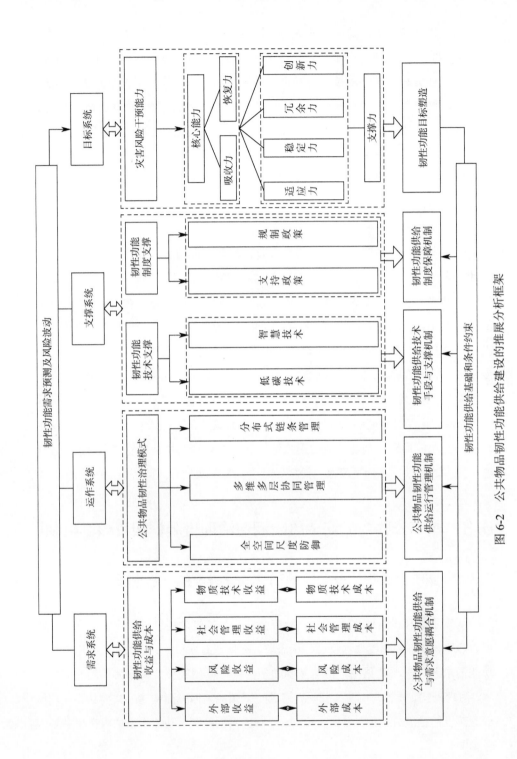

图 6-2 公共物品韧性功能供给建设的推展分析框架

（1）需求系统

在需求系统中，要着重考虑公共物品韧性功能供给的收益和成本。城市公共物品韧性功能供给，反映了公共物品功能供给与需求意愿的差异性。

① 城市公共物品韧性功能供给最大的收益是外部收益、风险收益、社会管理收益和物质技术收益。城市公共物品韧性功能需求系统实际是一种公共物品韧性功能供给与需求意愿耦合机制，收集公共物品韧性功能供给的民众需求意愿及主体成本投入，能够弥补政府、企业、社会及其他机构对相关公共物品供给的缺位、错位现象。

② 不仅能解决收益与成本的平衡问题，更是公共物品内部化的具体表现。在城市公共物品韧性功能供给过程中，公共物品的功能属性与民众的生活密切相关，其功能由民众共同支配与共同拥有。

③ 城市公共物品功能供给由传统转向韧性，其供给成本将会增加，各利益主体的成本将受影响。随着参与民众的增多，公共物品功能的适应力、恢复力、冗余力等投入都要增加，这些带来了更多的外部成本、风险成本、社会管理成本和物质技术成本。

④ 城市公共物品韧性功能供给过程中，环境空间安全的压力日益突出，政府对公共物品韧性功能的管理、投入都会成倍增加。公共物品韧性功能供给过程中所得到的收益、获得的民众满意度，势必需要调节供给收益和成本之间的权衡，因此需要建立完善的公共物品韧性功能供给的需求系统。

（2）运作系统

在运作系统中，要遵循"全空间防御—多维协同合作—分布式链条"的管理模式。在城市公共物品韧性功能供给中，其管理模式反映了公共物品韧性治理的基本模式，实际提供了一种公共物品韧性功能供给运行管理机制。

① 全空间尺度防御，即引入韧性相关参数，将动态变化的尺度参数与功能信息相融合，利用信息获得优势，提高公共物品功能抗扰动性。

② 多维多层协同合作管理，补偿和疏导共治主体间的利益冲突，不仅是实现城市公共物品韧性治理的目标，也是分散和化解城市公共物品风险的需要，更是重构和优化城市公共物品韧性治理系统平衡稳态的要求。

③ 完善城市空间内公共物品分布式链条管理，构建城市公共物品空间尺度防御备用系统，保障城市公共物品韧性治理的可达性，引导促进地方与国家战略衔接

并互动，强调对突发公共物品韧性功能事故风险的链条管理能力，实现人本、安全、宜居、韧性的终极目标。城市公共物品韧性功能供给的运作系统，势必需要全空间尺度防御、多维多层协同管理和分布式链条管理的灵活应用，进而形成互融互通、协同联动的城市公共物品韧性功能供给体系，提升公共物品需求预测及应对风险扰动的能力。

（3）支撑系统

在支撑系统中，要具备韧性功能技术支撑与制度支撑两个支撑着力点。在城市公共物品韧性功能供给中，技术往往是以低碳技术和智慧技术为支撑，表达的是一种韧性功能供给技术手段与支撑机制。在功能供给过程中关注信息资源和支撑技术的利用率，以及城市公共物品韧性功能供给体系的低碳化和智慧化，优化并提升韧性功能需求预测及风险波动体系的运作效果。其中，低碳技术分为独立技术和合作技术，既表达公共物品韧性功能供给的成本与信息问题，更关注技术转化与扩散过程中公共物品韧性功能对其消化、吸收和运作的效率。与公共物品适宜的低碳技术，本质上就是公共物品韧性功能供给的核心技术和配套技术。公共物品韧性功能依靠完备的管理机制和信息系统作为支撑，实现了高度的智慧化，以智慧技术提升供给水平，改造公共物品功能的内部结构，建设以智慧技术为中心的信息化驱动力。从韧性功能制度支撑角度来看，通过支持政策和法规政策，约束参与公共物品韧性功能供给的各类主体行为，圈定在韧性功能供给的边界活动场域范围内。

这种制度支撑既能促进参与主体成本竞争效率，又能吸引更多的个体或组织加入，为参与城市公共物品韧性功能供给的多元主体营造透明公平的竞争环境。因此，当政府等决策主体发现这种需求预测方式后，将会推进公共物品韧性功能供给的制度化，通过把握制度合理化的运用程序，实现城市公共物品韧性功能的需求及风险波动的提前预测。

（4）目标系统

在目标系统中，以吸收力、恢复力两个核心能力为基准，以适应力、稳定力、冗余力、创新力为支撑动力，塑造韧性功能指标。受公共物品自身功能脆弱性的影响，公共物品所处空间环境的资源配置与需求状况都有各自的特点，其韧性功能的两个核心能力是指公共物品对灾害能量及风险波动的吸收能力和自身的恢复能力。在我国公共物品韧性功能供给中，通过城市灾害管理部门的协同机制来增强公共物品韧性功能的方法是可取的，而灾害风险干预能力需要独立的供给机制。城市公共物品通过自身吸收灾害力和灾后恢复力来提高韧性功能，因此空间格局上需要充分考虑各部门之间的信息整合与调整。从参与主体间协同管理的角度，信息沟通及时有效，对公共物品韧性功能供给进行适时调整，可以在短时间确定需求与风险干预的关键路径，对吸收力和恢复力进行合理分析与集中分配。公共物品韧性功能作为城市功能系统的关键子系统，以适应力、稳定力、冗余力、创新力为"四个支撑动力"进而保证城市正常运转，保证城市安全，控制次生灾害风险度，最终促进韧性功能目标的塑造。公共物品韧性功能与城市韧性功能形成微循环，一方面，合理分担城市风险、缓解城市压力、提高风险预测准确度；另一方面，有效提高公共物品韧性功能目标的实现效率，促进城市韧性呈现增长态势。

（5）约束系统

在约束系统中，要加强公共物品需求预测能力，从而为公共物品供给提供坚实的基础。城市公共物品韧性功能的约束系统反映了公共物品功能韧性不足与民众需求意愿之间的相互制约。一方面，约束系统是公共物品韧性功能需求及灾害波动预测的基础。约束系统实际提供了公共物品韧性功能需求预测及风险波动的整体机制支持，包括公共物品韧性功能供给与需求意愿耦合机制、运行管理机制、技术手段与支撑机制、制度保障机制以及韧性功能的目标塑造，能够及时识别、收集并反馈公共物品韧性功能供给的风险点和阻滞因素，而且这些内部机制有一定的决定作用。另一方面，约束系统为公共物品韧性功能供给提供系统条件支撑。公共物品韧性功能的约束系统不仅仅是一个单独的空间层面，更是将需求系统、运作系统、支撑系统和目标系统整合并系统化的过程，当各机制之间出现冲突或无法做出决定时，约束系统会与其共同承担压力和困境，并帮助做出逆向选择，并对公共物品韧性功能供给的整体运行和运行效果进行分析。

6.3.2 城市公共物品安全风险韧性治理推展的核心机制

（1）供需匹配耦合机制

城市公共物品韧性功能供给的特征是以公共物品自身非竞争性的和非排他性为基础，实行政府直接供给、地方直接供给、公共团体参与供给和BOT（建设-运营-转让）供给的方式，实质是供需匹配耦合机制的拟制。城市公共物品韧性功能涉及供给与需求利益相关主体，在供给推展过程中难免产生"搭便车"的行为，出现利益冲突。因此，需要政府、供给企业、社区居民及其他社会组织的多元化主体协同合作和互相调适，形成的一个综合协同供给系统[178]，解决公共物品韧性功能供给中利益相关者之间的冲突和问题。城市公共物品韧性功能供给可能会出现忽略部分民众的利益，会影响民众原有的利益，甚至造成限制。公共物品韧性功能供给还可能增加供给主体的成本负担、维护费用等。在当前城市空间环境条件下，推展城市公共物品韧性功能供需匹配耦合机制，首先，供给主体趋于多元化，政府不仅发挥自身主导作用，而且还要引导企业、社会组织等多元主体协同参与；其次，需求主体行为趋于标准化，各利益主体明确自身权益，在享受公共物品韧性功能的同时监督其管理；最后，管理体制双向化，通过政府职能转变，供给主体管理体制逐渐规范化，需求主体积极拓宽参与渠道，实现城市公共物品韧性功能的有效供给。

（2）供给运行管理机制

在城市公共物品韧性功能供给推展过程中，供给与需求各利益主体对公共物品韧性功能的依赖日渐凸显，为保证供给运行环境的安全与稳定，供给运行管理机制的建立尤为重要。从政府等宏观层面建立健全的供给运行管理机制，包括政策法制化、资金投入常态化，将运行管理机制视为公共物品韧性功能供给的重要组成部分。城市公共物品韧性功能供给运行中面临诸多障碍，比如重建设轻管理、重使用轻维护等。因此，解决城市公共物品韧性功能供给出现的各项干扰问题，需要做到以下两个方面。一方面，通过加强各利益主体间的协调沟通，对城市公共物品韧性功能供给的运行形成建设与管理的合力，不止涉及公共物品韧性功能相关配套设施的建设，还要加强利益主体间的协作与配合，建立整体运行管理联动机制，形成良好的运行管理环境。另一方面，随着城市管理精细化，通过互联网等技术手段，城市公共物品韧性功能供给运行将会进入网络全局管控时代，智能化的运行管理手段将会提高运行环境的安全性与风险预判精准性。

（3）技术制度保障机制

城市公共物品韧性功能供给是以低碳、智慧等技术为支撑的，加强技术制度保障机制，增加制度供给与激励政策，优化技术制度的空间结构环境，是保障公共物品韧性功能供给利益最大化的方式。技术制度保障机制不仅涉及制度组织结构、供给运行模式、技术规范体系，而且还包括利益主体格局形势和资源配置方式。因此，技术制度在一定程度上约束、规范了城市公共物品韧性功能供给的行为，通过技术制度的变迁突破供给中的利益冲突和制度僵化局面，是当前亟须解决的问题。健全并完善技术制度保障机制,通过低碳技术和智慧技术的相关法律、法规途径,发挥市场机制的调节作用,实现公共物品韧性功能供给技术制度保障机制的作用生成。从资金投入、产业支持等政策角度,以优化与调整方式,促进供给技术制度保障机制的产业化与市场化。对于推展城市公共物品韧性功能供给技术制度保障机制,应该通过降低技术创新成本,建设技术制度保障标准,建立技术信息服务共享平台。

（4）能力目标塑造机制

政府、企业、社会组织、民众等利益相关参与主体,对城市公共物品韧性功能供给推展的能力目标塑造具有很高的信任度。当公共物品韧性功能遭遇突发事件及风险时,仍能继续为城市安全和运行输出自身的服务能力,需要公共物品在各领域、多层次用其自身支撑力来构建核心能力,进而完成对能力目标的塑造机制。但在此过程中,由于主体合作关系、运行环境风险、战略管理系统等原因,会导致推展过程阻滞。因此,一方面,在各大领域。在经济领域,利用经济体的诱导作用,通过经济体的承受与适应冲击的能力,从恢复中获益,促进各利益主体的协同合作,保障公共物品韧性功能目标的完成效率;在生态领域,通过公共物品韧性功能抗干扰能力,在空间环境变化的同时改善功能内部结构,在各部门利益主体的共同协作下,加强各功能之间的联动性,降低供给推展能力目标塑造机制的所需时间。另一方面,在多个层面。在个体层面,根据参与主体的习惯、思维与行为方式,通过提高自身面对压力与风险的承受力、适应力和恢复力,厘清个体与公共物品韧性功能之间的连带关系,促进能力目标塑造机制的达成;在社区层面,通过预测公共物品韧性功能供给所能遭受的危机和风险灾害,提前做好防灾减灾救灾准备,并挖掘潜在脆弱性因素,保证能力目标塑造机制的长期有效性。

6.4 城市公共物品安全风险韧性治理推展路径

城市公共物品韧性功能供给不是供给渠道的转型,也不是功能结构的简单重塑,而是基于韧性城市思维的一次系统的、全面的功能供给的转向。韧性城市理论是在城市建设、改造更新、灾害风险积累和放大等背景下,对疏解城市风险的新理念、新模式、新路径进行重新审视的思维方式。住建部在《"十三五"国家科技创新规划》中明确提出了建设韧性城市的任务目标,韧性城市理念正式纳入我国新常态城市规划和建设范畴。城市公共物品韧性功能作为韧性城市建设的重要内容载体，韧性城市理论为其提出了新的发展理念，绘制了推展框架。

6.4.1 理念嵌入：以韧性思维嵌入供给链

韧性思维就是在城市公共物品韧性功能供给过程中，以韧性的特征手段来调和各种冲突和利益，将韧性思维灌入城市公共物品功能供给过程中，建构物质与社会相耦合的供给链模式。首先，积极响应是公共物品韧性功能供给实践的价值指向，任何一个公众群体及个体获及的公共物品韧性功能供给利益要与韧性的理念不谋而合，才能实现对控制、协调、可持续等传统的公共物品韧性功能供给方式的创新。其次，韧性理念的多元主体协同合作供给格局为公共物品韧性功能供给提供社会合作支撑，提升多元主体自组织能力，对公共物品韧性功能供给的开展具有长效意义。再次，韧性理念的综合应对机制设计为公共物品韧性功能供给提供体制机制保障，包括区域风险治理机制、风险控制机制、韧性模式创新机制等，实现韧性理念与公共物品韧性功能供给的双向契合。最后，韧性理念的智能信息化建设为公共物品韧性功能供给提供技术系统支持，提升城市公共物品韧性功能供给链的风险识别能力、公共服务水平、灾害预防能力和灾后恢复能力。

6.4.2 能力形塑：以风险干预规避能力为目标提升韧性绩效

风险干预规避能力是城市公共物品韧性功能供给的目标，以风险管控的专业人员、专业部门和专业方法为支撑，建构绩效评价、风险防控、财务支出、满意度评价等关键环节功能供给控制体系。首先，完善城市公共物品韧性功能供给的多元监管体系，完善风险干预规避的监控平台建设，健全公共物品韧性功能供给监督力度与主体间协作能力，创新供给过程中的监督手段，保证城市公共物品韧性功能供给在外界扰动下保持其功能运转。其次，完善城市公共物品韧性功能供给的质量控制体系与绩效管理制度，在供给过程中实施绩效管理制度，制定绩效评价指标，提升对城市公共物品韧性功能供给的适时动态实时情况的监管力度，全面排查扰动因子能够造成的风险隐患。再次，融合信息源，建构城市公共物品韧性功能供给信息平台，形成政府、企业、社会组织、公众等协同参与的综合绩效评价体系[179]。最后，提高城市公共物品韧性功能供给的专业化能力水平，通过政策引导、需求牵引、技术推动以及市场运作等方式，发挥多元参与主体的协同管理能力，建立以风险干预规避能力为目标的培训体系，促进专业化能力水平的提高，保证城市公共物品韧性功能供给的长期有效性。

6.4.3 手段多元：以立体格局打造软硬复合矩阵

城市公共物品韧性功能供给不论在城市交通、文化、道路、给排水、燃气等硬件公共物品上，还是在公共物品运营、维护和管理等软件服务上，自成体系形成了立体的空间结构格局。一方面，采用硬性手段营造多元主体参与的透明、公平的韧性功能供给环境。不仅对城市公共物品韧性功能供给的目标、内容、结构、制度、影响因素等进行评测，而且对多元参与主体的资源要素、能力、资质和信用等进行细致翔实的分析考察，还改进并完善了公共物品韧性功能供给的参与准入制度，制定可行的城市公共物品韧性功能供给的标准规范及目标内容，明确参与城市公共物品韧性功能供给的多元主体竞争合作关系流程。另一方面，采用软性手段完善城市公共物品韧性功能供给的制度体系。打通纵向层级和横向主体之间的管理沟通屏障，建立参与主体、板块内容、工作机制整体联动的风险监测、信息共享、决策选择、绩效衡量体系，建构智慧信息技术、低碳技术、互联网+等技术协同驱动的立体格局，发挥区域资源共享和主体协作效应，集聚应对各类灾害风险的方式，发挥不同参与主体的优势技能，形成可调控的软性手段矩阵体系。

6.4.4 管理协同：以主体关系整合为中心重构运作模式

城市公共物品韧性功能供给的管理模式是全过程、全尺度的不同环节不同主体的关系整合，但随着公共物品所处区域、存续时间、建筑特征和风险易损程度不同，这种管理方式制约了公共物品韧性功能供给的运作发展。首先，从源头管控切入，创新资金投入体制，加强城市公共物品韧性功能风险评估，实施台账管理的方式，力求在公共物品韧性功能供给的每个环节实施风险根源管控。其次，优化目标管理，融合和包容城市公共物品韧性功能多元化属性特征，协同配置供给中相应的风险防护、应急保障与配套服务等内容，打破决策主体间彼此相斥的管控体制。最后，推进绩效管理，对公共物品韧性功能供给目标难以量化、标准难以固化评测的现象，采用任务导向的主体间绩效管理机制，而为满足公众需求更倾向于采用结果导向的绩效管理方式。无论是哪个环节的主体关系整合,都是以城市公共物品韧性功能供给的运作模式为目标导向,重构全过程、全尺度的任务、目标、方法、标准、监管、评估等运作模式,最终实现主体间动态整合、渠道拓展等管理协同。

6.4.5 平台融合:以信息综合服务平台推动主体无缝对接

(1)信息化网络平台

城市公共物品韧性功能供给依托智能化、云平台、大数据技术便具有了风险监测、评估、主体间信息互动的资源整合能力。如公共物品韧性功能供给的信息准确性、时效性、可靠性等,通过信息化网络服务平台,适时地对主体间信息资源进行变更和调整。

(2)信息交换域的管控运行平台

城市公共物品韧性功能供给拥有多元化的利益参与主体数据库、专业化的网络互动平台,可以创建公开透明的信息沟通制度和公示平台,为政府、企业、社会组织等参与主体提供民主化的网络决策环境,监督引导运行过程的每个环节。

(3)主体权责的管理机制平台

以相关利益主体的任务目标、资金投入、权责匹配等制度手段与城市公共物品韧性功能供给的信息综合服务平台相融合,为主体间合作包容、分工协作创造便捷的管理机制。

(4)资源整合与共享平台

规划、住建、民政、交通、市政和应急等部门组织共同参与公共物品韧性功能供给运行的全过程,同时吸纳社会组织及个人的资源加入,依托各主体资源和市场共同打造融合平台,以相对成熟的资源整合平台创新体制机制,实现供给运行的无压力,打造信息化综合服务供给链,优化功能供给结构,在主体对接环节植入信息化平台基因。

6.4.6 制度保障:以防灾减灾为核心完善法律制度建设

(1)政府相关部门内部结构调整,明确城市公共物品韧性功能供给的基本原则

公共物品韧性功能供给作为城市防灾减灾救灾的基本单元,应恪守公开透明、

公平竞争、公众满意度的基本原则，这需要政府等决策部门层级结构的合理调适与耦合，调适的结果保持了供给的竞争力，实现政策法规、内容建构、合作机制的公开化，耦合的结果提升了公众获得感与满意度。这种管理层级的责权重新分配、体制制度改革，在保持了公共物品韧性功能供给运行统一性的基础上，实现了政府相关部门的权威性和供给运行的有序性。

（2）政府放权推动公共物品韧性功能供给制度建设

韧性功能的功能结构调整会影响公共物品资源配置的空间布局与制度程序设计，如统筹规划、监督管控、评估体制、参与机制等。从政府权责来看，传统的职能管理模式限制了公共物品韧性功能供给的推广。因此，不仅要明晰政府职能划分，保证供给运行的同时，采用社会化的方式将功能供给交由社会等相关部门承担，而且应确立城市防灾减灾救灾的资源配置的相关制度与程序，使其与公共物品韧性功能供给的制度建设相契合。

（3）完善相关的法律法规体系建设

不但需要依据和借鉴既有法律法规条文，处理好《管理风险和增强韧性》《城市可持续发展行动计划》等政策报告与城市公共物品韧性功能供给之间的关系，而且需要制定和规范与推广公共物品韧性功能供给相关的法律法规制度，例如将城市安全、风险、防灾减灾等规范标准和技术要求，融入供给过程中，确保城市公共物品韧性功能供给的推广有法可依。

第7章 城市公共物品安全风险韧性治理策略

7.1 建立城市公共物品风险识别体系

7.1.1 构建公共物品风险对象识别体系

公共物品脆弱性风险对象的精准辨识是韧性功能建设中甄别机制的重心所在。

（1）转变风险辨识思路，让社会多元主体参与识别和筛选

韧性功能建设中的风险辨识不能是政府主体的单一参与，要以包容竞进的原则鼓励企业、社会组织和公众共同参与，实现对风险的联合识别和筛选；还要多管齐下、互联互通、点面结合，搭建风险识别的系统数据平台，增强多元主体的参与性，拓宽社会多元主体参与公共物品风险识别和筛选的渠道。

（2）完善识别机制和程序，提高风险对象辨识靶向

做到对风险治理对象的准确识别，需要完善识别机制和程序设计。机制上需要建立追责与激励机制，要追究在风险对象的识别上弄虚作假、敷衍了事或奉行"大约、大概"作风的建设主体责任，且通过正向激励鼓励各主体通过互通联动开展识别；程序上需要对风险对象开展科学细致的调查和相关数据搜集整理，对韧性治理

风险对象评价标准要做客观理解，初步确定风险对象范围，组织相应各方主体参与的评审会或第三方评估机构，发挥多元治理主体民主参与评议与决策作用，确定风险对象。考虑到不同地域、不同类型公共物品风险状况的相对性，还要尽量在一定区域或一类公共物品范围内统筹使用韧性风险评估指标。

（3）细化多元评价标准，增进风险评测的精准及可操作性

风险评价的标准具有多样性，公共物品的规划建设、外界环境的变化、生命系统与服务系统的威胁等均是导致公共物品风险的重要因素，公共物品的脆弱性也是韧性功能建设的重要参考标准。因此，从韧性指标量化的角度提出公共物品经济、社区、组织和灾害韧性评估指标，把韧性评估和量化决策分析与脆弱性风险对象识别结合起来，对风险尽可能做多尺度分析，细化多元评价标准，让政府针对风险对象治理精准对标，让民众参与风险内容有的放矢，增强公共物品风险治理工作的精细、精准度。

7.1.2 提高公共物品脆弱性致因分析能力

韧性功能建设旨在透过韧性理念解决公共物品脆弱性风险治理的实践困难，看似良好的新理念新模式设计在实践中却难以与具体实践举措有效结合，根本原因是风险治理举措难以对症。因此，要增强公共物品脆弱性风险治理的针对性，其关键在于基于公共物品脆弱性治理实际，对脆弱性原因进行韧性分析。

（1）多元合作精准化定位脆弱性风险的影响因子

公共物品脆弱性所发生的区域不尽相同，导致脆弱性风险的原因往往复杂多样，准确定位脆弱性风险的成因不仅是多元参与主体的任务取向目标，也是考量参与主体治理能力的标准，更是单靠每个治理主体难以实现致因分析任务。为此，既要充分吸纳各利益相关者和民众的合理化建议，又要凭借社会组织及其他参与主体的专业分析能力，协同合力探求导致公共物品脆弱性风险的原因。

（2）脆弱性致因分析要形成与韧性功能建设的耦合效应

韧性功能建设决策的制定需要基于差异化的脆弱性致因分析，由于导致脆弱性的原因多样性，因此韧性功能建设决策也要由多元参与主体合力制定，需要政府、企业、社会组织和公众个人的共同努力、多管齐下，制定一套完整的韧性功能建设措施，充分发挥韧性功能建设措施的优势互补和互通联动优势，形成脆弱性致

因分析与韧性功能建设的耦合效应。

（3）脆弱性致因分析要精准对标风险关键点位

公共物品脆弱风险韧性治理要求从精准、精细两个方面细化，定点位、定细节，精准对标风险关键点位，从查隐患、定对策的过程中细化，采取有的放矢的做法，对照事故案例暴露的风险点提出控制措施，组织人员收集安全风险警示素材并丰富问题库，分解主体分工职责并结合治理实际提出对策措施，不能在脆弱性致因分析不明确的情况下随意实施治理。

7.2 设计城市公共物品韧性治理规划

7.2.1 增强城市公共物品总体规划的形态韧性

形态韧性即空间形态不仅以目标为指向，而且以需求为目标。形态韧性的强化就是要以城市公共物品规划的总体目标为指引，确定自身的物质要素，并根据城市公共物品的刚性需求确定自身的结构元件，最后，运用开放、模块化的技术特征，建构城市公共物品整体空间结构。城市公共物品韧性功能建设的空间形态，需要适应多元化需求，借鉴传统规划的韧性模型建构，实现城市公共物品韧性功能建设的结构稳定性、空间开放性、区域拓展性。如园林建设、市政设施等，不仅要保证空间结构的稳定性，而且要符合城市公共物品韧性功能建设的整体性规划需求，最终实现城市公共物品韧性功能建设在城市规划中的韧性表征。

值得注意的是，要将城市公共物品韧性功能建设总体规划与自然条件相结合，使总体规划依托于城市自然环境与生态系统，如将城市排水公用设施与城市河流有效连接，则会大大提高城市公共物品防洪排涝能力。

7.2.2 强化城市公共物品总体规划的控制韧性

控制韧性既要保证空间整体规划布局的均衡性，又要保留自身的灵活变通性。强化城市公共物品总体规划的控制韧性，就是要根据城市公共物品总体规划的要求，确定刚性控制指标体系。在此基础上利用市场机制与运筹管理手段制定应对变化的融通预案，形成有市场运筹机制的、"有条件浮动"的城市公共物品规划指标体系。城市公共物品韧性功能建设的整体性规划要求，主要体现在资源空间配置、民众利益保障等，要求权责明晰。然而，管理手段的灵活性在此过程中更为重要，如利用激励手段能够促进多元参与主体共同承担风险压力，运筹机制在运行过程中在保证多元参与主体利益的前提下，能够对多变的风险与灾害做出积极响应并提出解决策略。

7.2.3 培育城市公共物品总体规划的发展韧性

公共物品发展韧性是指城市公共物品规划体系能够通过系统性的组织安排形成韧性生成机制的能力，培育城市公共物品总体规划的发展韧性，要运用制度化手段规范管理体系与决策反馈机制，实现规划目标贯彻与灵活应对的能力。其中，为保障城市公共物品规划目标的贯彻，需要建立多层次、精细化的城市公共物品韧性规划体系。此外，在制度设计中不仅要织补各空间尺度上的规划实践，提高效率，更要制定城市公共物品韧性评估与更新规划模板，推动各类老旧公共物品的维护、更新、改造与重建，也要注重以制度的形式建构精细、动态的韧性规划管理体系，在提升城市公共物品韧性规划整体导控能力的同时，使城市公共物品韧性规划实施发展具有更加灵活适应外在环境变化的内在机制。

7.3 明确城市公共物品韧性治理核心任务

7.3.1 提升城市公共物品建设冗余度与模块化

提升公共物品的冗余度和模块化就要在城市公共物品系统具有多样要素与多种部件的情况下，使提供相同或相似的公共物品的备份功能得以实现，摒弃城市主要功能或服务仅依靠一个集中实体或城市公共物品来提供的脆弱性建设模式，建立具有更强稳固力与恢复力的分散式城市公共物品韧性系统。一方面，要使城市公共物品每个"单元细胞"都有一定的韧性冗余，城市的每个公共物品必须采用有充足的韧性冗余的设计建造模式，构建具有多重应对策略的公共物品系统，如在排水泄洪方面，要综合利用土壤、地下水箱与城市广场的洪水吸纳能力；另一方面，要使公共物品转变为由层层套嵌模块构成的动态复合系统，包括渗水、地下水箱模块、去污染模块、净化模块、人工信息模块等，实现公共物品模块的标准化、高质量生产与交叉化应用，保证工厂化生产、现场装配、损坏快速更换，使城市公共物品的韧性功能建设得到保证。

7.3.2 促成城市公共物品建设多尺度与连通性

以多功能性、冗余度和多尺度的网络连接性为参照路径，结合不同空间尺度与地域特征灵活建立满足空间区域特征的城市公共物品韧性功能体系。当城市公共物品受到突发灾害时，各个空间尺度的韧性效应叠加作用，共同分散城市风险。首先，社区生活圈是城市公共物品安全防御最基本的空间单元，空间尺度相对较小且特色迥异，社区生活圈层级的公共物品韧性功能建设应该以"使每个单元具备独立防御外界干扰的能力"为目标，在空间形态或建设格局上应保持高度灵活性。其次，在城镇圈层面，通过网络设计提升城市公共物品韧性，加强相对独立的社区生活圈之间的联系，统筹公共物品资源更好地为社区生活圈服务，例如建立分布式能源、清洁安全的水资源备用系统等。同时，要维持城镇圈范围内的多功能性，实现社区生活圈功能互补，提高整体系统的稳定性。最后，在市域层面，通过功能布局和冗余设计提升公共物品韧性功能，使城市公共物品功能布局分散化设置，避开灾害高发区，且对于在高风险区域投入使用的公共物品，应尽快制定功能转移计划或强化技术工程防御手段，从源头上降低甚至避开灾害发生的可能性。

7.3.3 打造城市公共物品韧性功能建设示范试点

现阶段城市公共物品韧性功能建设在理论、技术和实践等方面还存在诸多阻碍，如研究深度欠缺、宣贯不足，城市公共物品韧性功能建设的示范试点还处在不断实践和努力提升的起步阶段。在城市公共物品韧性功能建设中，面对脆弱性区域及风险高发区，要进行重点干预，建立重点区域的实时监控与预警机制，制定应对灾害的可操作紧急预案，赋予其充裕的社会资源及有利政策，建造高质量韧性功能公共物品，提高其风险抵抗能力与恢复能力，搭建起一套重点突出的城市防灾减灾体系，并利用优秀示范试点转变公共物品韧性功能建设思维，总结公共物品韧性功能建设经验，提升公共物品韧性功能建设整体均好性。城市公共物品建设应以"韧性园区"与"韧性社区"作为切入点，发挥产业园区物质生产、能源供给、技术辅助等功能的支撑作用，运用城市社区居民抗风险意识及能力的关键作用，将社区居民合理的意见与建议纳入公共物品韧性功能建设决策制定中，全面推进城市公共物品韧性功能建设。

7.4 推进城市公共物品韧性治理主体协同共进

7.4.1 打造城市公共物品韧性治理多主体共治格局

鼓励社会力量参与灾前防御、灾时应急和灾后重建的全过程，构建政府、专家与技术人员、社会各界等多元力量联合共治的公共物品韧性功能建设与治理体系。

（1）在灾害发生前

政府应自上而下地搭建城市公共物品韧性功能建设总体框架，通过城市规划等管控手段落实城市公共物品韧性功能建设行动与要求，鼓励社会各界参与城市公共物品韧性功能建设；专家与技术人员为政府提供技术支撑与咨询服务，从专业性、技术性的角度进行技术论证、研发与创新，为加强城市公共物品韧性功能提供更多可能性；社会各界应当积极响应政府号召，参与城市公共物品韧性功能建设。

（2）在灾害发生时

政府应利用信息化综合管理平台调度资源组织紧急救援，同步根据监测情况发布一线信息；技术专业人员及时跟踪并反馈，提高专业性与时效性；民众主动积极参与灾前培训，能够自救与配合救援，非受灾民众根据自身条件与意愿向受灾民众、专家与技术人员或政府提供间接支援。

（3）灾害发生后

政府做好安抚与重建工作，恢复城市生产与生活，并适时安置补偿与心理疏导；专家与技术人员调查研究灾害发生的原因，将对城市公共物品韧性功能建设有指导意义的调研报告反馈给政府，更新优化城市的韧性建设；受灾民众积极调整心态投入生产与生活，非受灾民众可提供其他多途径支援，帮助城市快速重构新的平衡状态。

7.4.2 构建城市公共物品韧性治理智慧化平台

信息化平台建设对于城市公共物品韧性功能建设的发展至关重要。当灾害突发时，对信息的及时捕捉、分析与反馈，是影响城市公共物品及时响应的关键环节。

信息收集在风险预测中,能够降低城市公共物品损失,适时监控城市公共物品韧性功能的所有变化。在信息的汇总、处理与甄别方面,搭建完整的城市公共物品风险数据库,在此基础上设定风险等级阈值,识别重点防御的城市公共物品风险。当评估对象的风险等级超过规定阈值,则为近期重点防御对象,并对其空间影响范围及特征进行模型模拟与技术分析,从规划、管理等多角度提出城市公共物品风险防御的建议措施;当评估对象的风险等级未超过规定阈值,则为非近期重点防御对象,持续跟踪与评估,一旦风险等级超过阈值,则转为重点防御的城市公共物品风险。在信息的传输过程中,不仅要拓宽传输渠道,将实地的宣传手段与网络化的渠道相结合,保证多元参与主体方便快捷的获得及时性信息,而且还要建立信息平台专业化团队,维护平台建设,保证信息的准确性、即时性。

7.4.3 拓宽城市公共物品韧性治理多元融资渠道

相对于城市公共物品韧性功能建设所需的巨额资金,地方政府的资金是非常有限的。因此,需要对城市公共物品韧性功能建设体制机制进行转型升级,明确划分盈利性与公益性物品属性,引进社会资本,建立风险分担与收益共享合作体制机制。特别是要积极推广运用政府和社会资本合作(PPP)模式,对城市公共物品韧性功能建设项目进行捆绑打包,引导社会资本参与城市公共物品韧性功能建设和运营管理。鼓励多元主体进行资本输入,统筹建设城市公共物品韧性功能建设的相关设备,提高整体建设效率。此外,要进一步制定资本投资计划,优先考虑和安排重大公共物品项目,并重点加强与世界银行的联系沟通,力争使重大公共物品项目能够通过世界银行及其合作伙伴建立长期合作关系,引入期限长、利率低的资金,推进交通公共物品、医疗卫生公共物品等项目建设,增强公共物品的承载力与适应力。

7.5 完善城市公共物品韧性治理体制机制

7.5.1 完善城市公共物品韧性治理运行机制

建设运行机制是实现公共物品韧性功能建设性的重要保障。公共物品韧性功能建设实践中的不规范现象已经成为制约建设成效的突出问题,亟须构建公共物品韧性功能建设运行机制。

(1) 完善管理过程的信息交换域透明运行机制

以公开透明的原则贯穿公共物品风险治理对象识别全过程，建立管理过程的信息沟通制度和公共物品脆弱性风险治理的信息公示平台，发挥其在风险防御、灾害应对、信息互动等环节的作用。吸纳多元利益主体制度化参与管理，构建政府主导的民主化网络治理模式，监督引导管理过程的每一个环节，保证信息交换域透明的运行机制。

(2) 完善协同合作与权责精细化管理机制

从合作包容和权责明晰两个方面，建立合作包容、分工明确的多主体社会协同机制，明确规定行政体系规划、住建、市政、应急、卫生、交通、教育、民政等部门实行韧性治理目标、任务、资金和权责匹配制度，并厘清各政府部门的权责边界，建立责任下沉、监管有序、权责明晰的管理机制，按照自身韧性功能建设事权推进工作。

(3) 完善资源有效配置与统筹整合机制

建立社会资源集聚、各组织共同参与的运行整合机制，横向整合规划、住建、民政、交通、市政和应急等部门政府资源，吸纳社会力量资源加入。此外，通过"赋权予能"引导和培育民众在面对灾害情境下的公共物品脆弱性风险时的自我应对调适能力，提高民众个人的自我风险抵御能力。

7.5.2 推进城市公共物品韧性治理考评制度

建设考评制度是确保城市公共物品韧性功能建设成效的关键环节，公共物品韧性功能建设实践中的考评制度有些止步于形式，因此需要推进城市公共物品韧性功能建设考评制度设计，并保证考核落实有效。第一，精细设计公共物品韧性功能建设考评指标。韧性评价框架应包括系统要素识别、脆弱性分析、韧性目标设定、决策者认知和韧性能力五方面内容，还需要进一步精细设计，使考评指标具体且全面，既要考虑公共物品的整体韧性提升状况，也要构思内外风险因素的综合影响；既要考虑公共物品韧性功能建设现状，也要思辨公共物品保持脆弱性的原因，还要结合公共物品韧性功能建设的驱动因素。第二，多元主体参与公共物品韧性功能建设考评，韧性功能建设的效果考评不能是政府单一的独揽型考评制度，需要吸纳社会力量和个人等多元主体共同参与，建立多元主体参与的考评和监管机制，强化责任统筹。非政府组织的介入,使韧性功能建设的效果的考评更加透明公正,更加具有可信度。第三,采用多样化方法开展公共物品韧性功能建设评估。将定性分析与定量计算相结合、单因素与多因素评价整合等兼顾应用。当前亟须大力开发韧性功能建设评估的技术工具,制定相应的计划与框架,促进公共物品韧性功能评估逐步发展为一整套内容健全、可信度高的评估体系。

7.5.3 健全城市公共物品韧性治理法律法规

(1) 依法明确公共物品韧性功能建设的基本原则

① 公开透明的原则

公共物品韧性功能建设的政策法规、主体信息、内容建构、流程设计、合作机制等都要公开透明。

② 竞争的原则

竞争的要义体现在多元主体参与公共物品韧性功能建设的多样化竞争,在竞争性中提升韧性建设水平。

③ 公众满意度的原则

公共物品韧性功能建设的终极目标是减低和规避外界因素扰动以实现公共物品良性有序运转,提升公众满意度和获得感,将公众满意度作为公共物品韧性功能建设绩效评估的基本原则。

(2) 依法确立公共物品韧性功能建设相关程序、方法与制度

① 确立公共物品韧性治理的相关程序设计

包括规划设计、监督管控、绩效评估、风险监测、主体协同参与等相关程序。

② 确立公共物品韧性治理过程域的具体方法与制度

包括治理范围、目标内容、功能框架、组织体系、信息共享、决策选择、绩效衡量、协同合作治理体制机制、承接政府财政转移支付制度等。

(3) 完善公共物品韧性功能建设的法律法规体系

针对公共物品韧性功能建设提出相关的法规、标准,将城市安全、风险、防灾减灾等治理措施融入公共物品韧性功能建设中,把公共物品韧性功能建设纳入城市韧性功能总体规划建设中,明确规定建设原则、参与主体、建设流程、职责分工等,并制定相关的基本原则要求。

7.6 增进城市公共物品安全韧性文化建设

7.6.1 明晰城市公共物品韧性治理本位属性及目标

城市公共物品伤害事件频发不仅暗示着多元主体参与安全治理的道德失范现象日益凸显，也折射了不能单纯依靠法律规范的制约与理性制度的约束，更需要有风险意识、道德意识、责任意识等道德价值观的重塑。可见，提高供给侧和需求侧不同主体的安全责任本位意识是关系城市公共物品安全治理的关键要义之一，也是从价值伦理层面回归城市"人本位"的安全理性认知。需要锻造和培养生产及运营公共物品的主体的安全责任精神，对于公共物品生产供给主体者，必须通过公共物品的安全知识的教育和培训，增进安全生产和管理意识，具备相应知识和处置能力，尤其是增强公共物品安全事故预防和应急处理能力。

此外，要加强公众消费使用公共物品的安全风险识别、安全意识和责任意识的教育。安全风险意识教育能够增强公众风险自我防范意识，提高主动抵御公共物品安全风险的能力，从而降低公共物品安全事故发生率。科学的安全意识培养，可以提高公众对城市公共物品安全的认知理解和参与能力，并通过自我约束、自我保护和自我参与，触发城市公共物品安全合理使用和科学维护，减少公共物品伤害事件发生率。因此，供给到消费链条上不同参与主体的安全责任教育是重建公共物品安全治理的本位回归，这种安全精神意识的塑造不仅能够使治理主体的责任意识观念得到提高，还能够提升公众的责任行为能力，从被动转为主动，积极主动参与城市公共物品安全治理。

7.6.2 转变城市公共物品韧性治理理念

在以往的城市治理中，常常将公共物品的建设及其安全治理与城市的经济发展相联系，经济的增长成为城市各领域管理的"标尺"，因此在公共物品安全风险治理领域出现了许多片面追求发展的现象，如为不影响经济增长而对个别公共物品领域过量投入，只注重公共物品的经济性而缺少人性化，忽视城市承载力等。传统的公共物品安全治理重点在于对客观存在的如技术、能力等方面风险的防范、预警与应对，强调科学知识与专家系统的重要性，主要依靠经验、理论等工具理性应对与控制公共物品风险，而忽视了公共物品安全风险的文化概念，忽视了城市发展是人的发展。因此在城市公共物品安全风险治理中，应秉持"以人为本"的治理理念，在公共物品规划设计、建设、运营等全过程充分考虑文化、社会和价值以及长远性发展等因素，实现共享共建与社会公平，保证公众从心理到经济的全面健康发展。坚持"以人为本"的城市公共物品安全风险治理理念还能够保证政府运用开放且富有弹性的思维模式，全面地认识风险的多种可能来源与可能后果，从整体关联性的角度采取合理的风险预警与应对策略，削减风险带来的严重伤害。

7.6.3 开展城市公共物品安全韧性文化教育

城市公共物品安全文化是在城市公共物品建设运营全过程中形成的被社会公众所接受的关于公共物品安全风险、风险治理的态度与行为规范的总称，是城市公共物品安全风险治理的软防线，是保证城市公共物品安全风险治理工作顺利开展与取得成效的重要保障。从城市公共物品安全风险识别与因子分析结果中可以知道，公众风险意识低以及管理工作人员的风险重视度是影响城市公共物品安全的重要因素。开展城市公共物品安全文化教育，首先，打破原有的宣传条幅、标语或说教形式对公众的风险意识教育，利用新媒体、新形势，并结合各地公众的行为特点，选择音乐、相声、电影等娱乐形式或社区公共物品安全实操演练等，运用多样化的形式加强全体人员的安全意识。其次，要根据不同行业、部门、职业等差异化培养城市公共物品安全风险治理能力，通过责任清单、奖罚体制与提高行业门槛等形式，提高各城市公共物品安全风险治理能力。对于关键节点处的风险管理工作，制定对应的标准流程，流程标准既要保证风险治理工作的顺利开展，又要富有灵活性，避免因流程的僵化而增加风险处理难度。最后，针对社会公众，应有针对性地进行风险识别、风险评价及风险应急处置等知识教育，避免风险的扩大化及向突发事件的转化。

7.7 完善城市公共物品韧性治理制度保障

7.7.1 城市公共物品招投标制度

城市公共物品建设项目多数由政府主导，因此政府常常以建设人或招标人的角色参与工程建设之中。针对城市公共物品招投标阶段出现的问题，应注意招投标制度的完善。首先，应从政府工作角度入手，加强招投标法律、法规建设，并针对城市公共物品这一面向公众的民生工程出台更为严苛的法律法规，规范相应政府人员与企业的行为，加大惩罚力度，增加违规成本；其次，对于城市公共物品招标工作制定完善的工作流程，对于各细节工作设立具体的评价标准与要求，避免因评价标准模糊造成的串标、假借资质等违规行为，如可以按照需求的重要程度，设置强制项与弹性项，对于弹性评价标准设立打分制，以此避免因标准的过度僵化而影响工作效率；再次，加强对公共物品工程招标工作的监督，倡导招标工作的"公平、公开、公正"，降低招标违法监督举报，加强对招标的监督力度，使监督工作真正起到约束作用；最后，构建监管反馈机制，对于监督管理中发现的招投标工作问题应及时调查确认，并对发现的违规行为及时惩处、反馈。

7.7.2 公共物品韧性治理与安全产业结合制度

在城市安全风险日趋凸显的背景下，提升城市安全治理能力，营造城市和谐安全有序氛围，规避城市公共安全风险，已成为确立城市健康、有序、可持续发展的重要范畴。城市公共物品安全治理中蕴含丰富的经济、社会、文化、技术、福利等价值，涉及城市生产生活、公共安全、公众福利、社会稳定有序、城市品牌形象等多方面，是当前现代城市建设发展不可或缺的重要成分和核心。近年来发生的一系列公共物品安全事件，折射了加强城市公共物品安全风险治理刻不容缓，特别是公共物品安全不是纯粹的技术创新和管理体系问题，而是一个制度建设、产业发展、公众安全参与和社会联防联控的综合治理体系，必须依托安全产业的发展，整合安全科技的优势资源，来提高城市公共物品质量、提升城市防灾减灾与应急保障能力，使城市公共物品安全治理与安全技术、产业紧密嵌入和结合，建立在强大完善雄厚的安全产业基础上。城市安全治理的紧迫性势必推动了城市安全产业的快速发展，安全产业广泛和深入应用到城市安全治理领域，在物质、经济和社会环境方面都能够产生良好的综合效益，促使城市安全更加安全。

培育城市公共物品安全产业市场，规范市场秩序并鼓励专业化发展，推动产业集聚并注重专业人才培养，以发展监测、避险、防护、应急救援等技术与产品为主要方向，推进公共物品安全相关产品的普适化、标准化、系列化，形成以政府为主体，企业为重要力量，以市场为导向、产学研用相结合的公共物品安全产业技术创新体系，是城市公共物品安全治理的重要保障和支撑。因此，公共物品安全治理与安全产业应是相伴而生的，公共物品安全产业的规范发展构成公共物品安全的经济基础保障，发展安全产业是实现城市公共物品安全、提高现代化安全治理能力和规避社会风险的共同目标所向，是推动公共服务模式创新、确保城市健康发展质量的重要途径。

7.7.3 城市公共物品安全风险补偿制度

城市公共物品安全事故发生后不仅要注重应急救援工作，对于受害者的补偿与恢复及公共物品情景恢复是治理工作的重点，对稳定公众情绪、提高公众安全意识与自我行为约束能力及增强城市公共物品安全风险治理效能等都具有重要意义。一方面，针对事件受害者要建构一套心理恢复机制，包括根据伤害事件的影响程度对受害者给予一定的经济补偿以平复其内心恐慌感、对受害者进行安全教育进而增进其安全保护能力、对受害者进行心理辅导以防其因突然受打击而心理产生非正常变化等，或者结合社会组织或新闻媒体对受害群体给予社会关怀，从而达到心理情景的最大的恢复。另一方面，针对城市公共物品安全风险事故本身构建损失补偿机制，包括根据对事故发生缘由的探索制定管理整改机制，以提升对风险事故的及时响应能力；创建事故相关数据库，一旦公共物品发生危机，根据创建的数据库找到具有共同风险特征的风险应对方案，从而提高风险应对效能。

7.7.4 城市公共物品安全风险开放性释放制度

针对城市公共物品安全风险的风险释放就是通过某种方式对风险进行调整或分解，使公共物品安全风险降到一个可控的范围。建构开放的风险释放制度就是通过建构一些弹性而灵活的体制，以此缓冲因城市公共物品安全风险事故带来的损失。一方面，构建通畅的利益表达机制和谈判机制，针对已经发生的城市公共物品安全事故，若受害者的利益诉求得不到满足，易产生因内心怨气引发的社会冲突或集体伤害事件，通过构建这种伤害与冲突的缓和机制，可以避免风险伤害事故向更为复杂的情况转变。另一方面，建立风险分解模型，对于风险普查的风险源与风险点，通过分析与结构，创建风险分解数据库，对于不可避免的公共物品安全风险，可根据对应的风险分解数据库选择相应损伤较弱的风险，使其释放出来，从而达到风险转移或风险损失减弱的目的。如在暴雨冲击下市政排水出现故障，整个城市都会面临因水位上升带来的交通拥堵问题，严重时会带来路面塌陷等城市公共物品损伤事故，此时应考虑将人流量较小、路网弹性大的地区的排水处置放在后面，优先处理人流大而路网脆弱性大的道路抢修。

7.7.5 城市公共物品安全风险终身责任追溯制度

城市公共物品安全风险治理涉及环节与流程众多，影响范围广，且各环节间不仅相互关联且参与人员复杂，每个环节都会因为一个人的疏忽而潜藏安全风险，仅仅依靠制度法规约束与形式监督，无法事无巨细的约束到每个人，因此需要构建安全风险事故追责机制，通过从严落实风险事故责任人并提高相关责任人的失责成本，达到对城市公共物品各参与主体双重约束的目的，进而敦促各岗位人员认真负责的发挥好本职作用，从根本上减少城市公共物品安全风险事故的发生。首先要构建对一线工作人员及管理人员的警示教育机制，包括宣讲、网络学习等方式的直接教育，使各岗位周知自身责任范围及失责后果，通过对风险事故责任人的严惩与警示教育。其次要充分利用信息追溯体系，减少因公共物品领域信息不对称、不完全、不共享引致的责任主体定位不准确现象，进而提高事故追责准确性，避免因责任落实不准确而影响主体工作积极性的"不求有功，但求无过"状况。并且，构建责任划分体系，对于公共物品安全风险治理领域，按照工作内容与形式的不同及引致风险事故的相关程度不同，对各岗位划分责任等级，不能"一刀切"式的分担责任，做到责任与能力的匹配。最后要倡导创新追责方式，根据岗位职责与事故伤害特点对不同的事故责任方采取不同的责任承担形式，包括降职或免职、经济处罚、创建信用档案、强制安全教育等多种形式，情节严重给予刑事处罚。

参考文献

[1] 乌尔里希·贝克. 风险社会[M]. 何博闻, 译. 南京: 译林出版社, 2004.

[2] 荆琪, 侯书和. 风险社会的成因及其治理[J]. 中外企业家, 2011 (20): 259-260.

[3] 都世炜. 风险社会理论视角下的公共安全分析[J]. 浙江万里学院学报, 2012 (1): 46-49.

[4] 杨雪冬. 风险社会理论述评[J]. 国家行政学院学报, 2005 (1): 87-90.

[5] Bateman C. Medical negligence pay-outs soar by 132%-subs follow[J]. SAMJ: South African Medical Journal, 2011, 101 (4): 216-218.

[6] Muschert, G W. Research in school shootings [J]. Sociology Compass, 2007, 123 (1): 60-80.

[7] Elvik R. Area-wide urban traffic calming schemes: a meta-analysis of safety effect [J]. Accident Analysis Prevention, 2001 (3): 327-336.

[8] Noland R B, Quddus M A. A spatially disaggregate analysis of road casualties in England [J]. Accident Analysis & Prevention, 2004 (6): 973-984.

[9] Adger, W. Neil. Social and ecological resilience: are they related?[J]. Progress in Human Geography., 2000 (3) , 347-364.

[10] 杨卫红. 城市电网规划风险评价模型及风险规避方法研究[D]. 北京: 华北电力大学, 2010.

[11] 刘承水. 城市公共安全评价分析与研究[J]. 中央财经大学学报, 2010 (2): 55-59.

[12] 王宏伟. 城市基础设施风险与防范[J]. 现代职业安全, 2012, (1): 20-23.

[13] 文亚. 德国公共风险管理的经验与启示[J]. 中国行政管理, 2015 (4): 27-31.

[14] 张成福, 谢一帆. 风险社会及其有效治理的战略[J]. 中国人民大学学报, 2009 (5): 25-32.

[15] 戚晓雪. 浅析市政公用设施管理现状及其治理——以城市排水系统为例[J]. 理论观察, 2013 (8): 41-42.

[16] 程林, 修春亮, 张哲. 城市的脆弱性及其规避措施[J]. 城市问题, 2011 (4): 45-47.

[17] Kathleen Cleeren, Harald J. van Heerde, Marnik G. Dekimpe. Rising from the ashes: how brands and categories can overcome product-harm crises [J]. Journal of Marketing, 2013: 58-77.

[18] Andrew W E. Fatal train accidents on Europe's railways : 1980-2009[J]. Accident Analysis and Prevention , 2011 (1) , 43: 391-401.

[19] 熊炜. 城市公共安全评价方法研究[D]. 湘潭: 湖南科技大学, 2012.

[20] 郭太生, 裴岩. 首都重要基础设施安全状态评价[J]. 中国人民公安大学学报 (社会科学版), 2008,(3): 79-89.

[21] 李鑫. 我国城市重要基础设施安全威胁因素分析[J]. 北京人民警察学院学报, 2009 (6): 35-40.

[22] 杨明生. 城市公共设施安全运行机制亟待强化[N]. 中国建设报, 2013-03-29 (003).

[23] 孙爱军, 刘茂. 公共安全事故风险控制理论研究与实践中的两条线索[J]. 中国公共安全 (学术版), 2010 (1): 6-10.

[24] 魏涛. 论城市社会风险的危害及其治理[J]. 理论研究, 2010 (5): 28-31.

[25] 贾涛. 新时期我国政府风险治理对策研究[D]. 西安: 西安建筑科技大学, 2014.

[26] 于小舟. 基于 MORT 的地铁安全评价系统研究[D]. 北京: 北京交通大学, 2008.

[27] 贾水库, 温晓虎, 林大建, 等. 基于层次分析法地铁运营系统安全评价技术的研究[J]. 中国安全科学学报, 2008 (5): 137-141.

[28] 刘菊. 沈阳地铁运营安全评价体系研究[D]. 沈阳: 东北大学, 2011.

[29] 王志华. 地铁车站运营安全风险评价研究[D]. 北京: 北京交通大学, 2012.

[30] 何寿奎. 基础设施公共安全风险评价方法研究[J]. 生态经济, 2009 (4): 186-189.

[31] 宋锋华. 西部中心城市可持续发展风险评价研究[J]. 城市规划, 2010, 34 (7): 34-38.

[32] 周利敏. 韧性城市: 风险治理及指标建构——兼论国际案例[J]. 北京行政学院学报, 2016 (2): 13-20.

[33] 郭小东. 基于韧性理论的老旧社区灾害风险评价及优化策略[A]. 中国城市规划学会、沈阳市人民政府. 规划 60 年: 成就与挑战——2016 中国城市规划年会论文集[C]. 沈阳: 中国城市规划学会、沈阳市人民政府, 2016. 13-19.

[34] L. Bllncoe. The economies impact of motor vehiele crashes[R]. National Way Traffc Safety Administration, Shington D. C, 2000.

[35] Brussels. Assessmentand target setting in EU transport programmes[R]. European Transport Safety Couneil, 2003.

[36] 孙华丽, 周战杰, 薛耀锋. 基于鱼骨图的公共安全风险测度与评价[J]. 中国安全科学学报, 2011 (7): 138-143.

[37] 翁勇南, 芦毅, 王敏, 等. 北京地铁安全管理能力综合评估体系研究[J]. 都市快轨交通, 2015 (6): 49-54.

[38] 周刚. 人的安全行为模式分析与评价研究[D]. 青岛: 山东科技大学, 2006.

[39] Julian L Rait. How best do we compensate for accidental medical injuries [J]. Ethics and law, 2012 (5): 299-330.

[40] 何理, 钟茂华, 史聪灵, 等. 北京地铁乘客疏散行为特征调查试验分析[C]. Northeastern University. Proceedings of 2010 (Shenyang) International Colloquium on Safety Science and Technology. Northeastern University: 东北大学安全工程研究中心, 2010: 1017-1021.

[41] 刘铁民. 突发事件应急预案体系概念设计研究[J]. 中国安全生产科学技术, 2011, 7 (8): 5-13.

[42] 胡小武. 新常态下的城市风险规避与治理范式变革[J]. 上海城市管理, 2015 (4): 10-15.

[43] 宿凤鸣. 美国等发达国家提升交通基础设施安全的经验[J]. 综合运输, 2013 (6): 75-80.

[44] 周晓丽. 论城市突发公共安全事件的复合治理[J]. 中共四川省委党校学报, 2006 (1): 64-66.

[45] Holling C S. Resilience and stability of ecological systems[J]. Annual Review of Ecology and Systematics, 1973 (4): 1-23.

[46] Walker B, Salt D. Resilience thinking: sustaining ecosystems and people in a changing world[M]. Washington, DC: Island Press, 2006.

[47] 邵亦文, 徐江. 城市韧性: 基于国际文献综述的概念解析[J]. 国际城市规划, 2015, 30 (2): 48-54.

[48] Francis R, Bekera B. A metric and frameworks for resilience analysis of engineered and infrastructure systems[J]. Reliability Engineering & System Safety, 2014 (121): 90-103.

[49] Lu P., Stead D. Understanding the notion of resilience in spatial planning: a case study of Rotterdam[J]. The Netherlands. Cities, 2013 (35): 200-212.

[50] Stumpp E M. New in town? On resilience and "resilient cities"[J]. Cities, 2013 (32): 164-166.

[51] Committee on increasing national resilience to hazards and disasters; Committee on science, engineering, and public policy; The National Academies. Disaster resilience: a national imperative[R]. Washington, DC: The National Academies Press. 2012.

[52] Peggy Tsai. Rapporteur. Committee on increasing national resilience to hazards and disasters; Committee on science, engineering, and public policy; The national academies; Launching a National Conversation on Disaster Resilience in America: Workshop summary[R]. Washington, DC: The National Academies Press. 2013.

[53] Dominic A. Brose, Rapporteur. Committee on measures of community resilience: from lessons learned to lessons applied; policy and global affairs; national research council. Developing a framework for measuring community resilience: summary of a workshop[R]. Washington, DC: The National Academies Press. 2015.

[54] Yosef Jabareen. Planning the resilient city: concepts and strategies for coping with climate change and environmental risk[J]. Cities. 2011 (31): 220-229.

[55] Kevin C. Desouza, Trevor H. Flanery. Designing, planning, and managing resilient cities: A conceptual framework[J]. Cities. 2013 (35): 89-99.

[56] Bruneau M, Chang SE, Eguchi RT, et al. A framework to quantitatively assess and enhance the seismic resilience of communities[J]. Earthquake Spectra, 2003, 19 (4): 733-755.

[57] Fekete A, Hufschmidt G, Kruse S. Benefits and challenges of resilience and vulnerability for disaster risk management[J]. International journal of disaster risk science, 2014, 5 (1): 3-20.

[58] Bruneau M, Reinhorn A M. Exploring the concept of seismic resilience for acute care facilities[J]. Earthquake Spectra, 2007, 23 (1): 41-62.

[59] Cimellaro G, Reinhorn A, Bruneau M. Framework for analytical quantification of disaster resilience[J]. Engineering Structures, 2010 (32): 3639-3649.

[60] Ouyang M, Due as-Osorio L, Min X. A three-stage resilience analysis framework for urban infrastructure systems[J]. Structural Safety, 2012 (36): 23-31.

[61] Francis R, Bekera B. A metric and frameworks for resilience analysis of engineered and infrastructure systems[J]. Reliability Engineering&System Safety, 2014 (121): 90-103.

[62] Turnquist M, Vugrin E. Design for resilience in infrastructure Distribution networks[J]. Environment Systems & Decisions, 2013, 33 (1): 104-120.

[63] Chang, S. E., Mc Daniels, T., Reed, D. A. Mitigation of extreme Events: electric power outage and cascading effects. In Proc. USC Center for risk and economic analysis of terrorism events (CREATE) symp. On the Economic Cost and Consequences of Terrorism, Los Angeles, CA, 2004 (8): 20-21.

[64] Rinaldi S., Peerenboom J., Kelly T. Identifying, understanding and analyzing critical infrastructure interdependencies[J]. IEEE Control Systems Magazine, 2001, 21 (6): 11-25.

[65] Yacov Y, Haimes. Risk modeling, assessment, and management[M]. New York: Wiley, 2004.

[66] Reed D A, Kapur K C, Christie R D. Methodology for assessing the resilience of networked infrastructure[J]. IEEE Syst J, 2007, 3 (2): 174-180.

[67] Najja W, Gaudiot J L. Network resilience: a measure of network fault tolerance[J]. IEEE Transactions on Computers, 1990, 39 (2): 174-181.

[68] Omer M, Nilchiani R, Mostashari A. Measuring the resilience of the trans-oceanic telecommunication cable system[J]. IEEE Systems Journal, 2009, 3 (3): 295-303.

[69] Tierney K., Bruneau M. Conceptualizing and measuring resilience: a key to disaster loss reduction[J]. TR News, 2007 (6): 14-17.

[70] Todini E. Looped water distribution networks design using a resilience index based heuristic approach[J]. Urban Water, 2000, 2 (2): 115-122.

[71] 隋永强, 杜泽, 张晓杰. 基于社区的灾害风险管理理论: 一个多元协同应急治理框架[J]. 天津行政学院学报, 2020, 22 (6): 65-74.

[72] 曲丹, 鲍苏新. 城市防灾基础设施功能安全内涵及其影响因素分析[J]. 建筑经济, 2010 (1): 93-96.

[73] 闫萍, 戴慎志. 集约用地背景下的市政基础设施整合规划研究[J]. 城市规划汇刊, 2010 (1): 109-115.

[74] 何永. 理解"生态城市"与"宜居城市"[J]. 北京规划建设, 2005 (2): 92-95.

[75] 吴良镛. 人居环境科学的探索[J]. 规划师, 2001 (6): 5-7.

[76] 于博, 尚英姿. 城市基础设施支撑体系研究: 基于可持续发展的视角[J]. 经济视角, 2014 (5): 16-17.

[77] 王东. 增强城市实力, 建设宜居城市[J]. 经济与管理研究, 2006 (3): 29-31.

[78] 郝之颖. 对宜居城市建设的思考[J]. 国外城市规划, 2006 (2): 75-81.

[79] 章蓓蓓, 黄有亮, 程赟. 低碳化及其发展路径[J]. 建筑经济, 2010 (9): 97-100.

[80] 魏蔚, 邝雄. 我国城市基础设施建设投资效率及其影响因素分析——基于 DEA-TOBIT 模型[J]. 现代商业, 2016 (4): 178-179.

[81] 陈邦杆. 港口建设项目融资方式研究[J]. 中国港口, 2010 (2): 43-44.

[82] 王雅莉, 张春艳. 城市公共设施供给模式的探讨[J]. 辽宁经济, 2003 (6): 40-41.

[83] 夏欣. 对市政公用设施管理模式的创新研究——基于 L 公司实证研究[D]. 成都: 西南财经大学, 2010.

[84] 姜婷. 城市公用基础设施民营化融资模式研究[J]. 天津职业院校联合学报, 2011 (4): 87-90.

[85] 施航华. 论城市基础设施建设中引入社会资本的模式及制度[J]. 探讨与研究, 2014 (6): 12-19.

[86] 唐跃华, 莫兴国. 积极利用价格杠杆促进城市公用设施建设快速发展[J]. 中共贵州省委校学报, 2004 (5): 42-43.

[87] 刘婷婷, 宋海瑜. 多元利益格局下的城市公用设施供给问题[J]. 改革和发展, 2008 (1): 2-5.

[88] 苗锐. 城市公共事业中的公共交通行业政府监管体系研究[D]. 吉林: 吉林大学, 2014.

[89] 王俊豪. 中国城市公用事业政府监管体系创新研究[M]. 北京: 中国社会科学出版社, 2016: 1-392.

[90] 奥斯本, 盖布勒. 改革政府: 企业精神如何改革着公营部门[M]. 周敦仁, 等译. 上海: 上海译文出版社, 2006: 43.

[91] 宁建新, 师擎. 打造全国领先的城市公用服务设施体系[N]. 南京日报, 2006-4-26 (A04) .

[92] 内閣官房国土強靭化推進室. 「国土強靭化地域計画策定ガイドライン (案) 」[R]. 2015 年 6 月 3 日.

[93] 吴浩田, 翟国方. 韧性城市规划理论与方法及其在我国的应用——以合肥市市政设施韧性提升规划为例[J]. 上海城市规划, 2016 (1): 19-25.

[94] 张纯, 张洋, 吕斌. 唐山大地震后重建与恢复的反思: 城市规划视角的启示[J]. 城市发展研究, 2012 (5): 119-126.

[95] 佘廉, 王光荣, 许晶. 基于 ISM 的城市脆弱性影响因素研究——以日本城市地震救援恢复为例[J]. 地域研究与开发, 2013 (2): 84-89.

[96] 毕云龙, 兰井志, 赵国君. 城市生态恢复力综合评价体系构建——以上海、香港、高雄、新加坡为实证[J]. 中国国土资源经济, 2015 (5): 47-57.

[97] 何伟. 回归土地本质属性——通过打造海绵城市恢复城市弹性空间[J]. 中外建筑, 2015 (8): 39-41.

[98] 张琳爽. 基于可持续及可恢复视角的城市基础设施 GPA 测算研究[D]. 哈尔滨: 哈尔滨工业大学, 2015.

[99] 徐振强, 王亚男, 郭佳星, 等. 我国推进弹性城市规划建设的战略思考[J]. 城市发展研究, 2014 (5): 79-84.

[100] 李超楠. 面向绿色基础设施的城市规划弹性研究[D]. 大连: 大连理工大学, 2014.

[101] 黄晓军, 黄馨. 弹性城市及其规划框架初探[J]. 城市规划, 2015 (2): 50-56.

[102] 张惠. 自然风险治理视角下的城市弹性社区模型研究[J]. 管理世界, 2015 (6): 176-177.

[103] 赵璞, 胡亚林. 我国城市防洪应急管理现状与挑战[J]. 中国防汛抗旱, 2016 (6): 1-4.

[104] 唐桂娟. 城市灾害恢复力指标体系的构建与综合评价[J]. 广州大学学报 (社会科学版), 2017 (2): 31-37.

[105] 赵国钦. 城市气象灾害应对能力建设研究与建议[J]. 浙江气象, 2017 (1): 1-5.

[106] 张忠义, 庄越. 试论我国城市应急软能力提升路径——基于 2016 年武汉洪涝灾害的理性思考[J]. 中国安全生产科学技术, 2017 (3): 119-123.

[107] 何继新, 韩艳秋. 城市公共物品安全治理: 问题生成、目标取向和行动原则[J]. 学习与实践, 2017, (5): 78-86.

[108] 游志斌. 发达国家突发事件风险防治的政策趋向——基于"准备"的视角[J]. 中国行政管理, 2015, (4): 22-26.

[109] 陈道银. 风险社会的公共安全治理[J]. 学术论坛, 2007 (04): 44-47.

[110] Tubbs J, Meacham B. Egress design solutions: a guide to evacuation and crowd management planning[M]. New York: John Wiley&Sons, 2007: 186.

[111] Maria P. Scaparra Richard L. Church. A bilevel mixed-integer program for critical infrastructure protection planning[J]. Computers & Operations Research, 2008, 35 (6): 1905-1923.

[112] 何继新, 付杰. 公共产品伤害事件后公众需求波动的引致动因及逻辑关系研究[J/OL]. 领导科学论坛, 2016, (17): 77-86.

[113] 安东尼·吉登斯. 现代性的后果[M]. 田禾, 译. 南京: 译林出版社, 2000: 16.

[114] 殷俊, 胡登全, 邓若伊. 我国受众风险感知情况及对策研究——基于媒介使用的视角[J]. 现代传播 (中国传媒大学学报), 2014, 36 (3): 41-45.

[115] 刘婧. 风险社会中以人为本的治理理念[J]. 东岳论丛, 2007, (5): 74-78.

[116] 孙粤文. 大数据: 风险社会公共安全治理的新思维与新技术[J]. 求实, 2016, (12): 69-77.

[117] 姜传胜. 对重特大事故案例研究的认识与思考——基于安全管理和应急管理相结合的视角[J]. 中国行政管理, 2017, (1): 122-130.

[118] 曹惠民. 风险社会视角下城市公共安全治理策略研究[J]. 学习与实践, 2015 (3): 98-105.

[119] 侯雷. 城市公共安全服务供给的基本机制及其整合——以城市社会治安服务为例[J]. 东北师大学报 (哲学社会科学版), 2014 (3): 58-62.

[120] 董若愚, 于涣茹, 伍万云. 地方政府与基层组织应急管理联动机制研究——基于安徽省皖南地区部分相邻地区乡镇的调查[J]. 成都行政学院学报, 2016 (3): 10-13.

[121] 邢梓琳. 风险治理中的社会参与——以国外经验为镜鉴[J]. 中国减灾, 2017 (1): 52-55.

[122] 侯保龙. 论公共危机治理中公民参与机制的建构[J]. 陕西行政学院学报, 2013, 27 (2): 42-44.
[123] 张海波. 中国总体国家安全观下的安全治理与应急管理[J]. 中国行政管理, 2016 (4): 126-132.
[124] 李轲. 公共服务供给全过程质量管理研究述评[J]. 湖南行政学院学报, 2013 (5): 5-12.
[125] 王国庆, 肖智文, 朱建明, 等. 基于WBS-RBS的突发事件应急资源需求匹配研究[J]. 中国安全生产科学技术, 2017, 13 (10): 59-63.
[126] 李彦斌, 唐辉, 王冬梅. 大型集群式工程项目的WBS-RBS风险识别方法及其应用[J]. 建筑经济, 2011 (8): 31-33.
[127] 陈伟珂, 张铮燕. 地铁施工灾害关键警兆监测指标研究[J]. 中国安全科学学报, 2013, 23 (1): 148-154.
[128] 刘震, 张文德. WBS-RBS在网络信息采集著作权风险识别研究中的应用[J]. 图书情报知识, 2011 (6): 86-92.
[129] 陈国华, 吴武生, 徐三元, 等. 基于WBS-RBS与AHP的跨海桥梁工程施工HSE风险评价[J]. 中国安全科学学报, 2013, 23 (9): 51-57.
[130] 贾俊峰, 梁青槐. WBS-RBS与AHP方法在土建工程施工安全风险评估中的应用[J]. 中国安全科学学报, 2005 (7): 101-103.
[131] 孙荣, 邵健. 基于WBS-RBS的政府购买公共服务风险识别与防范[J]. 福建行政学院学报, 2016 (4): 1-8.
[132] 尹向东, 刘敏. 中国消费经济学发展沿革与研究展望[J]. 消费经济, 2016, 32 (5): 3-8.
[133] 唐钧. 社会公共安全的治理研究[J]. 中国人民大学学报, 2018, 32 (1): 50-58.
[134] 乌尔里希·贝克. 1992工业社会到风险社会. 王武龙, 编译. 马克思主义与现实, 2003 (3): 26-45.
[135] 郭秀云. 风险社会理论与城市公共安全——基于人口流迁与社会融合视角的分析[J]. 城市问题, 2008 (11): 6-11.
[136] 董晓峰, 王莉, 游志远, 等. 城市公共安全研究综述[J]. 城市问题, 2007 (11): 71-75.
[137] 陶鹏. 灾害管理的政治理论建构[J]. 北京行政学院学报, 2017 (5): 10-16.
[138] 颜大威. 交互设计对城市公共物品的更新[J]. 艺术科技, 2016, 29 (6): 348-349.
[139] 郭小东, 苏经宇, 王志涛. 韧性理论视角下的城市安全减灾[J]. 上海城市规划, 2016 (1): 41-44.
[140] 朱伟, 刘梦婷. 城市公共安全风险综合治理路径探析[J]. 社会治理, 2017 (2): 53-60.
[141] 闵鑫颖. 风险链在安全管理中的建立与运用[J]. 石油化工安全环保技术, 2014, 30 (2): 21-23.
[142] 刘安方. 企业管理组织形式的发展模式研究[J]. 中国市场, 2016 (3): 113-115.
[143] 夏志强, 付亚南. 公共服务多元主体合作供给模式的缺陷与治理[J]. 上海行政学院学报, 2013, 14 (4): 39-45.
[144] 刘燕, 赵景华. 中国政府战略性危机管理群体决策的影响机制研究——基于利益相关者模型[J]. 中国行政管理, 2016 (2): 131-135.
[145] 陈庆刚. 城市公共安全管理中政府主导的多元参与研究[D]. 天津: 天津师范大学, 2010.
[146] 杨旎. 大数据时代利益相关者理论视角下突发事件的研究范式与治理模式[J]. 青海民族研究, 2017, 28 (3): 55-59.
[147] 张乐, 童星. 风险沟通: 风险治理的关键环节——日本核危机一周年祭[J]. 探索与争鸣, 2012 (4): 52-55.
[148] 陈海楠. 多主体治理视角下网络突发事件应对分析[J]. 学理论, 2017 (2): 45-46.
[149] 容志. 公共危机治理框架的现代化及路径分析: 从解释到运用[J]. 上海行政学院学报, 2014, 15 (4): 64-72.
[150] 何继新, 韩艳秋. 公共物品风险: 类别、归因与治理策略[J]. 求实, 2018 (1): 73-86.
[151] 陈传荣. 对城市街道家具的几点思考[J]. 美与时代, 2007 (10): 48-52.
[152] 李志国. 城市家具设计的现状分析[J]. 陕西林业科技, 2007 (1): 79-81.

[153] 陈宇. 街道家具规划设置探索[J]. 科技情报开发与经济, 2006 (14): 109-111.

[154] 王晓丹. 城市公共设施设计研究[J]. 黑龙江水专学报, 2005 (2): 40-41.

[155] 陈堂启. 城市公共设施人文化设计的文化发掘和设计[D]. 天津: 天津科技大学, 2009.

[156] 田闰. 发达国家海绵城市建设经验及启示[J]. 黄河科技大学学报, 2015 (5): 64-70.

[157] 唐庆鹏. 风险共处与治理下移——国外弹性社区研究及其对我国的启示*[J]. 国外社会科学, 2015 (2): 81-87.

[158] 西明·达武迪. 韧性规划: 纽带概念抑或末路穷途[J]. 曹康, 王金金, 陶舒晨译. 国际城市规划, 2015 (2): 8-12.

[159] 申曙光. 现代灾害、灾害研究与灾害学[J]. 灾害学, 1994 (3): 17-23.

[160] 蔡骥. 一门关于灾害共生实践的学问——日本灾害社会学述评[J]. 国外社会科学, 2012 (5): 127-134.

[161] 周扬, 李宁, 吴文祥. 自然灾害社会脆弱性研究进展[J]. 灾害学, 2014 (2): 128-135.

[162] 张立超, 刘怡君, 李娟娟. 智慧城市视野下的城市风险识别研究——以智慧北京建设为例[J]. 中国科技论坛, 2014 (11): 46-51.

[163] Adger W N. Vulnerability[J]. Global Environmental Change, 2006 (3): 268-281.

[164] 布迪厄. 布迪厄访谈录——文化资本与社会炼金术[M]. 包亚明, 译. 上海: 上海人民出版社, 1997.

[165] March J. G., Simon H. A. Organizations[M]. Wiley, New York, 1958.

[166] James Simmie, Ron Martin. The economic resilience of regions: Towards an evolutionary approach[J]. Cambridge Journal of the Regions, Economy and Society, 2010 (1): 27-43.

[167] Ahern, Jack F. From fail-safe to safe-to-fail: Sustainability and resilience in the New Urban World[J]. Landscape Architecture & Regional Planning Graduate Research and Creative Activity, 2011 (4): 341-343.

[168] Pimm S L. The complexity and stability of ecosystems[J]. Nature, 1984 (307): 321- 326.

[169] MCEER. White paper on the SDR grand challenges for disaster reduction[R]. NY: Buffalo, 2005.

[170] 李雪萍. 反脆弱性发展: 突破发展陷阱的路径——基于西藏城镇社区发展的实证调查与理论分析[J]. 华中师范大学学报 (人文社会科学版), 2013 (2): 18-24.

[171] 何继新, 荆小莹. 社区公共物品协同供给系统主体间协同关系分析[J]. 首都经济贸易大学学报. 2017 (5): 79-88.

[172] 王岩, 方创琳, 张蔷. 城市脆弱性研究评述与展望[J]. 地理科学进展, 2013, 32 (5): 755-768.

[173] 戴维·R·戈德沙尔克. 城市减灾: 创建韧性城市[J]. 许婵译. 国际城市规划, 2015, 30 (2): 22-29.

[174] 西亚姆巴巴拉·伯纳德·曼耶纳. 韧性概念的重新审视[J]. 张益章, 刘海龙, 译. 国际城市规划, 2015, 30 (2): 13-21.

[175] 刘铁民. 事故灾难成因再认识——脆弱性研究[J]. 中国安全生产科学技术, 2010, 6 (5): 5-10.

[176] 郑艳, 王文军, 潘家华. 低碳韧性城市: 理念、途径与政策选择[J]. 城市发展研究, 2013, 3 (20): 10-14.

[177] 程煕, 杨鸣宇. 嵌入式治理: 中国模式"韧性"的机制来源[J]. 领导, 2014 (23): 8-11.

[178] 孙燕娜, 谢恬恬, 王玉海. 社区灾害风险管理中政府与社会组织的博弈与合作途径初探[J]. 北京师范大学学报 (自然科学版), 2016, 52 (5): 616-621.

[179] 何继新, 荆小莹. 城市公共物品韧性治理: 学理因由、进展经验及推进方略[J]. 理论探讨, 2017 (5): 169-174.